本丛书的出版得到国家语言文字工作委员会重大科研项目
"'国家语言能力'内涵及提升方略研究"（项目编号：ZDA135-7）经费资助

"十四五"时期国家重点出版物出版专项规划项目

 国家语言能力研究丛书　　总主编　文秋芳

新中国
国家语言能力研究

文秋芳　杨　佳　著

外语教学与研究出版社
FOREIGN LANGUAGE TEACHING AND RESEARCH PRESS
北京 BEIJING

图书在版编目（CIP）数据

新中国国家语言能力研究 / 文秋芳，杨佳著. -- 北京：外语教学与研究出版社，2021.8（2023.9 重印）
（国家语言能力研究丛书 / 文秋芳总主编）
ISBN 978-7-5213-3058-8

Ⅰ. ①新… Ⅱ. ①文… ②杨… Ⅲ. ①语言能力 - 研究 - 中国 Ⅳ. ①H0

中国版本图书馆 CIP 数据核字 (2021) 第 192387 号

出 版 人	王　芳
项目负责	步　忱
责任编辑	解碧琰
责任校对	段长城
封面设计	锋尚设计
版式设计	涂　俐
出版发行	外语教学与研究出版社
社　　址	北京市西三环北路 19 号（100089）
网　　址	https://www.fltrp.com
印　　刷	北京九州迅驰传媒文化有限公司
开　　本	650×980　1/16
印　　张	12
版　　次	2021 年 10 月第 1 版 2023 年 9 月第 7 次印刷
书　　号	ISBN 978-7-5213-3058-8
定　　价	51.90 元

如有图书采购需求，图书内容或印刷装订等问题，侵权、盗版书籍等线索，请拨打以下电话或关注官方服务号：
客服电话：400 898 7008
官方服务号：微信搜索并关注公众号"外研社官方服务号"
外研社购书网址：https://fltrp.tmall.com

物料号：330580001

目　录

总序 v
前言 viii

第一章　"国家语言能力"再解读 1
1.1　研究回顾 1
1.2　国家语言能力的内涵及其构成 5
1.3　国家语言能力和个人语言能力 8
1.4　结语 9

第二章　国家语言能力建设简史（1949年前） 10
2.1　通用语推广 11
2.2　汉字规范化 13
2.3　历史特征 15
2.4　深远影响 18
2.5　结语 19

第三章　新中国国家语言能力70年建设的发展历程 21
3.1　国家语言治理能力 21
3.2　国家语言核心能力 25
3.3　国家语言战略能力 27
3.4　结语 29

第四章　新中国国家语言治理能力建设 ... 31

4.1 机构体系构建 ... 32
4.1.1 国家通用语事务 ... 32
4.1.2 中国少数民族语言事务 ... 36

4.2 规划制定与实施 ... 38
4.2.1 国家语委的规划制定与实施情况 ... 38
4.2.2 国家民委的规划制定与实施情况 ... 40

4.3 研究与交流 ... 41
4.3.1 语言生活研究 ... 42
4.3.2 科研成果交流 ... 43

4.4 结语 ... 44
4.4.1 彻底解决地县两级机构落实不力问题 ... 45
4.4.2 增进国家语委和国家民委之间的协同 ... 45
4.4.3 加强国家对涉外语言事务的治理能力 ... 46
4.4.4 积极组织对国家语言治理能力的研究 ... 46

第五章　新中国国家语言核心能力建设 ... 48

5.1 国家通用语普及 ... 48
5.1.1 取得的成就 ... 49
5.1.2 面临的挑战 ... 56
5.1.3 对策与思考 ... 58
5.1.4 小结 ... 60

5.2 国家通用语规范使用 ... 61
5.2.1 政策力 ... 61
5.2.2 实践力 ... 68
5.2.3 绩效力 ... 70
5.2.4 未来发展路径 ... 71
5.2.5 小结 ... 73

5.3 国家语言智能化 74
- 5.3.1 发展历程 75
- 5.3.2 基本经验 80
- 5.3.3 未来展望 82
- 5.3.4 小结 85

5.4 国家语言和谐生活建设 86
- 5.4.1 语言文字定位与功能规划 87
- 5.4.2 语言文字规范与发展规划 92
- 5.4.3 挑战与思考 96
- 5.4.4 小结 99

5.5 结语 99

第六章 新中国国家语言战略能力建设 101

6.1 国家外语教育 101
- 6.1.1 新中国外语教育发展阶段性特点 102
- 6.1.2 面临的挑战与对策建议 109
- 6.1.3 小结 112

6.2 国家通用语国际拓展 112
- 6.2.1 发展现状 113
- 6.2.2 存在的问题 118
- 6.2.3 对策与建议 120
- 6.2.4 小结 122

6.3 国家语言人才资源掌控 123
- 6.3.1 外语人才资源掌控能力建设背景 123
- 6.3.2 国家外语人才资源动态数据库的建设 126
- 6.3.3 国家语言人才资源掌控能力建设展望 130
- 6.3.4 小结 132

6.4 国家对外话语表述 133
- 6.4.1 核心内涵 133

  6.4.2 表述风格 136
  6.4.3 表述机制 138
  6.4.4 未来发展路径 140
  6.4.5 小结 144
 6.5 结语 145

第七章 提升国家语言能力，助推两个共同体建设 147
 7.1 国家语言核心能力与中华民族共同体建设 148
 7.2 国家语言战略能力与人类命运共同体建设 150
 7.3 共同体理念下的国家语言能力发展刍议 152
  7.3.1 以促进更高水平的普惠发展为目标 152
  7.3.2 以实现更深层次的多元互通为基础 153
  7.3.3 以更加坚定的文化自信为支撑 155
 7.4 结语 156

后记 157

参考文献 163

总　序

"国家语言能力研究丛书"是2018年国家语言文字工作委员会（简称"国家语委"）重大科研项目"'国家语言能力'内涵及提升方略研究"的系列研究成果之一。该项目是国家语委首批立项的重大科研项目，立项的背景是，我国已经成为世界第二大经济体，比任何时候都更接近世界舞台中央，但我国的国家语言能力与综合能力不相匹配。国家语言能力是"政府运用语言处理一切与国家利益相关事务的能力"。它是国家软实力的标志，也是硬实力的支撑。在和平与发展成为时代主题时，国家语言能力与国家军事实力发挥着同等重要的作用。国家军事实力展现的是使用"硬武器"的成效，国家语言能力展现的是使用"软武器"的成效。国家层面的外交、军事、经济、文化等各领域的活动都需要强大的国家语言能力作为保障。

2016年"国家语言能力"首次写入教育部与国家语委制定的《国家语言文字事业"十三五"发展规划》。该规划中明确写道："到2020年，在全国范围内基本普及国家通用语言文字，全面提升语言文字信息化水平，全面提升语言文字事业服务国家需求的能力，实现国家语言能力与综合国力相适应。"从本质上说，国家语言能力的强盛取决于国家综合国力，但国家综合国力的强大不会自动地促成国家语言能力的提升。换句话说，强国可助强语，强语可助强国，但这并不意味着强国定能强语。在目前我国综合国力不断增强的形势下，迫切需要我国政府加强领导，社会组织和学者群体高度关注，以形成共识，从战略层面进行规划，并采取相应措施，使我国国家语言能力与综合国力相匹配，让国家语言能力助推综合国力，实现更好更快的发展。这就是本课题的重大战略意义。

本课题组自获批"'国家语言能力'内涵及提升方略研究"这一重大科研项目以来，深知责任重大、意义深远。本人在前期研究基础之上，提出了国家语言能力"三角理论"，即国家语言能力由三部分组成：（1）国家语言治理能力；（2）国家语言核心能力；（3）国家语言战略能力。这三个分项能力又各涵盖3—4个维度：国家语言治理能力包括治理机构体系构建、规划制定与实施、语言生活研究与交流；国家语言核心能力涉及国家通用语普及、国家通用语规范使用、国家语言智能化与国家语言和谐生活建设；国家语言战略能力则包括国家外语教育、国家通用语国际拓展、国家语言人才资源掌控和国家对外话语表述。可以看出，三个分项能力形成了一个稳定的三角形。国家语言治理能力位于顶端，指政府处理国内外两类语言事务的效力和效率，具有全局性和统领性特点，决定着核心和战略两类能力的发展方向和效果。国家语言核心能力具有基础性和先导性特点，是国家政治安全、领土完整、社会和谐、经济发展、文化繁荣、信息安全等的压舱石，是国家语言战略能力发展的前提，应置于国家语言能力建设的优先位置。国家语言战略能力着眼未来，具有前瞻性和长远性特点，是国家对外开放、维护国家主权、塑造国家形象、提升国家国际地位的支柱，对国家语言核心能力建设有促进作用。国家语言核心能力和国家语言战略能力又反作用于国家语言治理能力的建设和发展。

在此基础上，本人和张天伟教授、杨佳博士后、董希骁教授、詹霞副教授、戴冬梅教授、李迎迎教授、邵颖副教授、张佳琛博士、董丹博士、汪波副教授等人共同努力，以国家语言能力新理论框架为依据，融合中外视角，对中国、罗马尼亚、德国、法国、俄罗斯、马来西亚、荷兰、意大利、韩国等国家的语言能力开展了个案式的深入调查分析。《新中国国家语言能力研究》《罗马尼亚国家语言能力研究》是团队取得的首批研究成果。《新中国国家语言能力研究》全面展现了中华人民共和国成立以来中国政府在国家语言治理能力、国家语言核心能力和国家语言战略能力三个方面取得的辉煌成就,彰显了中国国家语言能力的优势,同时也审视其不足之处,并提出了相应的建设性意见。《罗马尼亚国家语言能力研究》梳理了罗马尼亚国家语言能力建设历史,并对其发展特点进行了总结和归纳,为探究中国和罗马尼亚两国在国家语言能力建设目标、路径和模式上存在的差异提供了独特的视角和丰富的材料。除了《新中国国家语言能力研究》《罗马尼亚国家语言能力研究》外,"国家语言能力研究丛书"第二批著作《德国国家语言能力研究》《法国国家语言能力研究》《俄罗斯国家语言能力研究》《马来西亚国家语言能力研究》《荷兰国家语言能力研究》《意大利国家语言能力研究》《韩国国家语言能力研究》也将陆续与读者见面。通过这套丛书的出版,我们希望能够为学界提供双向互动比较的内外视角,探究中国和其他国家语言能力发展体系的异同,由此借鉴外国经验,提出提升我国国家语言能力的策略,最终将我国建设成世界语言文字强国。丛书旨在抛砖引玉,期待各位专家学者不吝指教。

文秋芳

国家语言能力发展研究中心 / 中国外语与教育研究中心

2021 年 5 月 1 日,劳动节

前　言

"国家语言能力"这一概念最早由美国学者提出，2011年经文秋芳引进后在国内学术界获得了广泛的关注和热烈的反响。在学术界的推动下，人们逐渐认识到国家语言能力建设在推进中国社会主义现代化、实现中华民族伟大复兴这一历史进程中所发挥的重要作用。教育部、国家语委在其联合颁布的《国家中长期语言文字事业改革和发展规划纲要（2012—2020年）》《国家语言文字事业"十三五"发展规划》等重要纲领性文件中也都将提升国家语言能力列为现阶段语言文字工作的主要目标之一。

在此背景下，北京外国语大学国家语言能力发展研究中心于2018年承担了国家语委重大科研项目"'国家语言能力'内涵及提升方略研究"。在项目首席专家文秋芳的带领下，我们对新中国成立以来国家语言能力的发展进行了深入研究。在研究过程中，我们更加深刻地认识到，国家语言能力的建设不单单是局限于语言文字领域的行政事务，同时还是国家"软实力"的重要组成部分，是服务国家发展战略、构建中华民族共同体与人类命运共同体的"软基建"工程。有鉴于此，我们撰写了《新中国国家语言能力研究》一书，期待让更多的语言文字工作者及相关专业的在校学生进一步了解"国家语言能力"这一概念，增进对我国语言文字事业的理解与支持。

本书共七章，以文秋芳2019年提出的国家语言能力新理论框架为基础，对新中国国家语言能力建设历程及发展现状进行了全面系统的考察。第一章详细介绍了国家语言能力新理论框架；第二章对新中国成立以前的国家语言能力建设历程进行了简单回顾；第三章以举例方式简要介绍了新中国在国家语言能力建设上取得的成就及存在的问题；第四至六章逐一考察了国家语言能力三类分项能力——国家语言治理能力、国家语言核心能力、国家语言战略能力的建设情况；第七章主要讨论了国家语言能力在中华民族共同体和人类命运共同体建设中的积极推动作用，并根据中国国情对国家语言能力的进一步提升提出了相关建议。

短短 70 余年时间，新中国国家语言能力实现了质的飞跃，为中华民族走向伟大复兴奠定了坚实的语言文字基础。但我们也要看到，现阶段国家语言能力建设仍面临不少挑战，与我国综合国力还不匹配。我们希望借此书的出版与众多语言文字工作者携手共进，为推动国家语言能力的继续发展尽绵薄之力。受时间和精力的限制，书中疏忽和不妥之处在所难免，还请学界同仁与各位读者不吝指正。

文秋芳　杨佳
2020 年 10 月 5 日

第一章
"国家语言能力"再解读[1]

强国必强语,强语助强国(杜占元 2017)。在中国逐步走向世界舞台中心、世界需要中国智慧和中国方案的背景下,提升国家语言能力尤为重要。近十年来,中国学者在国家语言能力研究领域已取得一些开创性成绩,但在理论深度和彰显中国特色方面尚有不足。为此,2018 年国家语委将"'国家语言能力'内涵及提升方略研究"列为重大科研项目,期待国内学者在这一领域有所突破。北京外国语大学文秋芳带领团队有幸承担这一项目,对国家语言能力内涵进行了重新解读。本章拟简要回顾前期研究,总结其优势及局限,说明国家语言能力的新内涵及构成,并在此基础上进一步探讨国家语言能力和个人语言能力之间的区别与联系。

1.1 研究回顾

1993 年,美国学者 Brecht & Walton 率先提出"国家语言能力"(national language capacity)这一概念并将其定义为"国家应对特定语言

---

[1] 本章部分内容曾以论文形式发表,参见文秋芳:《对"国家语言能力"的再解读——兼述中国国家语言能力 70 年的建设与发展》,载《新疆师范大学学报(哲学社会科学版)》2019 年第 5 期。

需求的能力"（Brecht & Walton 1993），这实际上指国家外语能力。随后一些美国学者开展了相关研究（Brecht & Rivers 1999，2005，2012；Jackson & Malone 2009；Murphy & Evans-Romaine 2016），但这些研究缺乏理论性和系统性。2011年，这一概念被引进中国（文秋芳 2011a），随后一些学者就此展开了讨论（李宇明 2011；赵世举 2015；魏晖 2015；黄德宽 2016；陆俭明 2016；周庆生 2016；文秋芳 2016a，2017）。表1.1总结并评述了部分研究的主要观点。

表1.1　关于"国家语言能力"的主要观点及评述

作者	定义	分项能力	评述
李宇明（2011）	国家处理海内外各种事务所需要的语言能力，其中也包括国家发展所需要的语言能力。	(1)语种能力；(2)国家主要语言的国内外地位；(3)公民语言能力；(4)拥有现代语言技术的能力；(5)国家语言生活管理水平。	定义沿用美国学者的思路，内容较全面，但分项能力中未区分国家层面和个人层面的语言能力，各分项能力之间缺乏内在逻辑关系；命名缺乏统一性，有的用"能力"，有的用"地位""水平"。
赵世举（2015）	一个国家掌握利用语言资源、提供语言服务、处理语言问题、发展语言及相关事业等方面能力的总和。	(1)语言资源拥有能力；(2)语言使用及服务能力；(3)语言资源开发利用能力；(4)国民语言能力；(5)语言人才储备能力；(6)语言管理及语言事业发展能力；(7)语言影响力。	定义沿用美国学者的思路，内容较为全面，但概括性、系统性不够；分项能力命名具有统一性，但将国民语言能力纳入国家语言能力不够妥当。
魏晖（2015）	国家分配和管理国家语言资源的效率，是一种突出内部要素禀赋的内生性能力，是建设文化强国的基础。	(1)国家通用语言文字的普及程度及水平；(2)国民掌握语种的数量及水平；(3)各语种人才的数量、水平和结构分布；(4)翻译能力（可翻译的语种、翻译速度和质量）；(5)语言资源库的可开发性及开发效率；(6)语言学习资源的可利用性及利用效率；(7)语言信息处理能力；(8)管理社会语言生活的能力。	定义突出管理效率，视角新颖，但不完全适合分析国家语言能力，因为这是社会公共产品而非纯市场化产物；分项能力比较全面，符合中国国情，但缺乏内在逻辑结构。
文秋芳（2016a）	政府处理海内外涉及国家战略利益事务所需的语言能力。	(1)国家对涉及国家战略利益语言事务的管理能力（简称管理能力）；(2)对语言人才资源的掌控能力（简称掌控能力）；(3)对语言人才资源的创造能力（简称创造能力）；(4)对语言处理技术的开发能力（简称开发能力）；(5)对通用语言国际影响的拓展能力（简称拓展能力）。	定义仅限于战略层面，过于狭窄；分项能力仅适合分析美国国家语言能力的实践，不完全符合中国实际情况。

以上各位学者的定义既有共同之处，又有明显差异。李宇明、赵世举和文秋芳基本沿用了美国学者的思路，明确指出了国家语言能力的执行主体和应用范围，清晰说明了国家语言能力是语言能力的一种；差异在于，李宇明和赵世举的定义应用范围比较宽泛，而文秋芳的定义则重点强调战略层面的应用。依据杨亦鸣（2015）的观点，李宇明和赵世举的定义属于对国家语言能力的宽泛解释，包括公民（国民）个人语言能力和社会语言能力；文秋芳的定义则属于狭义解释，仅指国家在战略层面处理政治、经济、外交、军事、科技、文化等各种国内外事务时所需的语言能力。魏晖的定义以行政管理学为出发点，认为国家语言能力是政府分配、管理和利用国家语言资源的效率，理论视角新颖，但似乎不适于讨论国家语言能力这一社会公共产品。

从分项能力来看，各定义的相似度很高。文秋芳（2016a）列出的五类分项能力基本覆盖了其他学者阐述的内容（见图1.1），但有两点未涵盖：一是公民语言能力或国民语言能力，她认为这不属于国家语言能力范畴；二是魏晖提及的国家通用语言文字的普及程度及水平，她当时认为这似乎与国家战略利益无关，但事实上，从中国国家语言能力建设的角度来看，这是一项重要内容。

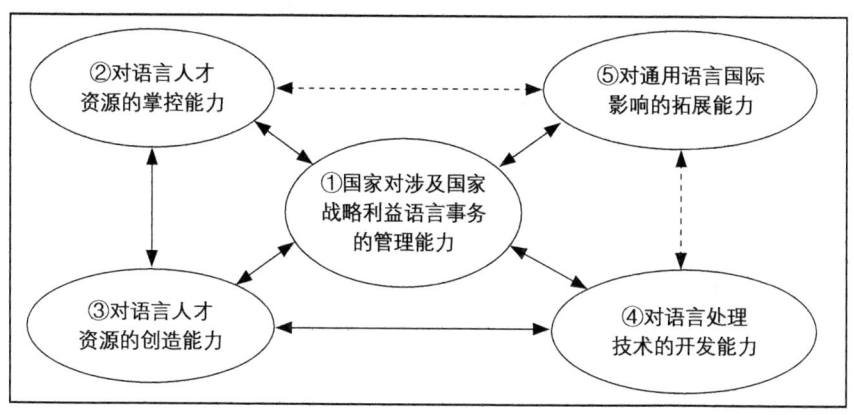

图1.1　国家语言能力的构成及其关系

文秋芳（2016a）还就五类分项能力提出了评价指标（见表 1.2）。这是学界对国家语言能力认识的第一阶段。

表 1.2　国家语言能力分项能力的评价指标

	分项能力	评价指标	说明
1	管理能力	组织力	管理机构的布局及其任务的合理性
		规划力	对未来需求的预测以及制定应对方案的计划性
		执行力	落实规划的速度和效率
		应急力	处理海内外突发事件的快速反应能力
2	掌控能力	通晓力	对国家拥有语言资源的种类和质量的熟悉程度
		支配力	调用语言资源服务国家需求的速度和准确性
3	创造能力	实践力	培养国家短缺语言人才计划的落实能力
		科学力	培养国家短缺语言人才的有效性
4	开发能力	信息挖掘力	挖掘公开（开源）情报的自动化程度与准确性
		机器翻译力	运用机器翻译语言的速度和质量
5	拓展能力	影响力	国家通用语言在国际交流中使用的广度和深度
		传播力	国家通用语言创造或推广新知识的能力

在国家语言能力研究的第二阶段，文秋芳依据 Saussure（1959）的 langue/parole 和 Chomsky（1965）的 competence/performance 的观点，将其划分为国家语言资源能力和国家话语能力，前者类似于 langue 或 competence，后者相当于 parole 或 performance（文秋芳 2017）。国家话语能力是对国家语言资源能力的运用，缺少国家语言资源能力，国家话语能力就成了无源之水、无本之木；缺少国家话语能力，国家语言资源能力就成了博物馆的陈列品，只能观赏，而无实用价值。图 1.2 展示了国家语言能力的双层结构。

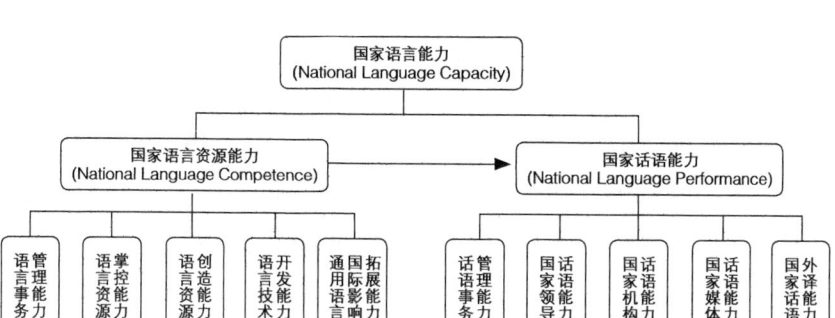

图 1.2 国家语言能力的双层结构（参考文秋芳 2016a：27，2017：69）

综上所述，目前中国学者已经对国家语言能力的定义及其解读做了不少工作，具有一定的理论初创性，但其局限性仍非常明显。第一，未将国家语言资源能力和国家话语能力整合在统一框架内；第二，缺少双向研究思路，仅由外向内看，即以其他国家的实践为标杆审视中国国家语言能力建设，缺少由内向外看的视角，即以中国实践为出发点，审视其他国家的情况，考察中国自身的优势，展现已取得的辉煌成绩。本书将融合内外视角，把国家语言资源能力和国家话语能力整合到同一个体系内，重新解读国家语言能力的定义和分项能力，调整文秋芳（2016a，2017）前期提出的理论框架及其评价指标，使其更具概括性和普遍性。

1.2 国家语言能力的内涵及其构成

鉴于中国国家语言能力建设的宗旨与路径与美国不完全相同，对国家语言能力的定义就不能完全遵从美国学者的思路和美国国防部的实践。根据中美国家语言能力建设实践，我们将国家语言能力的内涵重新解释为："政府运用语言处理一切与国家利益相关事务的能力"。这里需要指出，处理语言事务的主体是政府，而不是个人或非官方团体；处理的事务必须涉及国家利益，而不是个人职业规划或不涉及国家利益的群体行为；处理这些事务必须以语言为手段，而不是用军事或其他非语言手段。借鉴文秋芳对国家语言能力分项能力的界定（文秋芳 2016a，2017），本书提出了国家语言能力构成新框架。如图1.3所示，国家语言能力由三部分组成：（1）国家语言治理能力；（2）国家语言核心能力；（3）国家语言战略能力。三部分形成一个稳定的三角形。国家语言治理能力位于顶端，指政府处理国内外两类语言事务的效力和效率，具有全局性和统领性特点，决定着核心和战略两类能力的发展方向和效果。国家语言核心能力具有基础性和先导性特点，是国家政治安全、领土完整、社会和谐、经济发展、文化繁荣、信息安全等的压舱石，是国家语言战略能力发展的前提，应置于国家语言能力建设的优先位置。国家语言战略能力着眼未来，具有前瞻性和长远性特点，是国家对外开放、维护国家主权、塑造国家形象、提升国家国际地位的支柱，对国家语言核心能力建设有促进作用。国家语言核心能力和国家语言战略能力又反作用于国家语言治理能力的建设和发展，故用双向箭头连接，表示它们之间的互动关系。

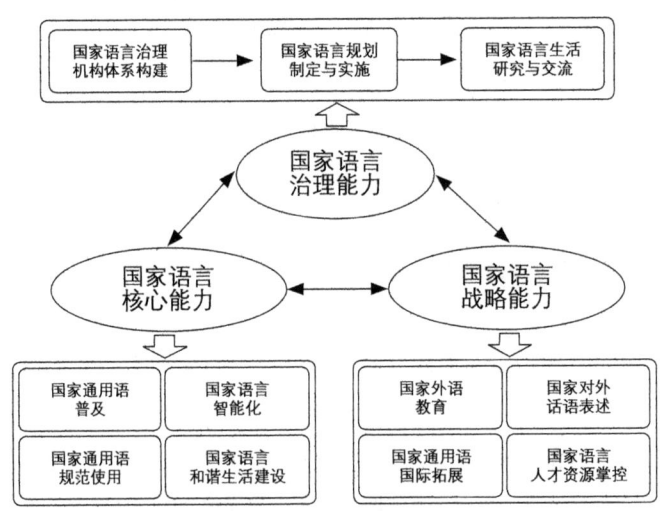

图1.3　国家语言能力构成新框架

表1.3列出了国家语言能力的三类分项能力所涵盖的不同维度及其意义解释。每类分项能力涵盖3—4个维度，每一维度再分为若干方面。需

要说明的是，国家语言能力的三类分项能力相对稳定，但每类分项能力所涵盖的维度具有"开放性"和"动态性"。也就是说，随着国家语言能力的建设和发展，每类分项能力所涵盖的维度会有相应的变化和调整。

表 1.3 国家语言能力三类分项能力涵盖的维度及解释

类型	各维度名称	解释
国家语言治理能力	国家语言治理机构体系构建	政府能否有效构建国家语言治理的行政体系
	国家语言规划制定与实施	政府对国家语言事务治理是否有系统的计划和落实措施
	国家语言生活研究与交流	政府语言治理机构是否能组织对社会语言生活进行系统研究并开展国内外交流
国家语言核心能力	国家通用语普及	政府能否依法依规有效普及国家通用语
	国家通用语规范使用	政府对通用语的使用是否采取了系列规范措施
	国家语言智能化	政府能否有效运用智能化技术输入和处理不同语言，从而满足机器翻译、人工智能、智慧教育等方面的需求
	国家语言和谐生活建设	政府能否恰当处理国家通用语、少数民族语言、方言之间的关系，纸质媒体和网络媒体之间的关系，构建语言生活的和谐社会环境
国家语言战略能力	国家外语教育	政府能否培养出外语语种数量多且质量高的国际化人才，以满足国家处理各种国际事务的需求
	国家通用语国际拓展	政府能否在国际上有效提升国家通用语的地位并达到预期效果
	国家语言人才资源掌控	政府能否掌控并有效使用国家的各种语言人才资源
	国家对外话语表述	政府能否在国际场合有效表述国家话语并恰当译成所需的外语语种

与文秋芳前期建构的理论框架（见图 1.1）相比，这个新框架具有两个特点。第一，根据内在逻辑关系，新框架首先确立了国家语言能力的三类分项能力及其关系，然后再分析各分项能力所涵盖的不同维度；第二，新框架中的三类分项能力涵盖的维度更丰富、更全面，也更开放，能够充分解释中美两国的国家语言能力建设和发展实践。

1.3 国家语言能力和个人语言能力

不少人会将国家语言能力与个人语言能力混淆。从上文的分析可以看出，国家语言能力与个人语言能力是两个不同的概念。国家语言能力的行为主体是政府行政机关，处理的是与国家利益相关的事务，例如国家统一、社会稳定、国家安全、文化安全、信息安全、生物安全等。国家语言能力的发展依靠的是政府力量，其中包括政府制定规划、下拨特定款项、落实专门措施等。以缅甸语为例。我国于20世纪50年代与缅甸建交，北京大学于1949年开设缅甸语专业（这也是新中国最早创办的外语专业之一），每三年或四年招收一届本科生。中国作为一个世界性大国，缅甸语人才不可或缺，但站在个人角度，又有多少人愿意选择学习使用范围极其有限的缅甸语，将其作为谋生的本领呢？从这个意义上说，对非通用语人才的培养，国家需要建立专门的人才培养基地，制定特殊政策，加大经费投入。如果政府作为行为主体，缺乏规划力和行动力，就很难吸引高中毕业生报考小语种专业。

个人语言能力指个人的语言水平，代表个人语言水平的可以是各种语言考试的成绩，或者是各种语言比赛的名次。个人语言能力是公民的文化资本，对个人的就业、职位晋升、事业发展都有着重要影响。个人语言能力的提高通常有多种动力源，其中主要有：(1) 政府政策，如2001年教育部颁布了积极推进小学开设外语课和增加高考外语语种的通知；(2) 家长意愿，如相当多家长心甘情愿花钱把小孩送进周末或暑期外语班学习，认为提前投资外语学习，可以让孩子获得更好的发展前途；(3) 市场推动，为了满足社会需求，类似新东方的外语培训机构大批涌现，吸引了大量业余外语学习者。

国家语言能力与个人语言能力存在密切联系。国家语言能力涵盖了若干个人语言能力，但个人语言能力水平不能代表国家语言能力水平。例如自改革开放以来，我国公民的英语平均水平有了明显提高，能用英语从事贸易、文化、科技交流的人数快速增长，但这并不能说明我国国家语言能力的强大。截至 2019 年 9 月，我国已与 180 个国家建立了正式外交关系。从国家层面来看，我国需要拥有精通这 180 个国家官方语言或通用语言的外交人员。截至 2016 年，全国高校共开设了 66 种非通用语专业，专业点 391 个，分布在 167 所高校（丁超 2017）。在政府的积极推动下，北京外国语大学 2018 年已基本开齐与中国建交国家的主要官方用语专业，2019 年获批开设外语语种数量达到了 101 种（文秋芳 2019c）。

1.4 结语

我们融合"从外国看中国"和"从中国看外国"的内外视角，同时把国家语言资源能力和国家话语能力整合在同一框架内，将国家语言能力重新定义为"政府运用语言处理一切与国家利益相关事务的能力"。这里强调执行国家语言能力的行为主体是政府，而不是个人或任何非官方团体；处理语言事务的范围，既有国内又有海外；相关事务须涉及国家利益，而非个人或某些群体利益；处理这些事务必须以语言为手段，而不是用军事或其他非语言手段。国家语言能力可分为国家语言治理能力、国家语言核心能力和国家语言战略能力。这三类能力形成一个相互支撑的稳定三角形。国家语言治理能力处于顶端，具有全局性和统领性特点，调控核心和战略两类能力的发展走向；国家语言核心能力具有基础性和先导性特点，处于优先发展位置；国家语言战略能力具有前瞻性和长远性特点，需从长计议，有重点、有步骤地进行规划和建设。需要指出的是，国家语言能力与个人语言能力是两个不同的概念，国家语言能力的发展主要依靠政府力量，直接服务于国家需求，在推动社会经济发展的同时也为个人语言能力的提升奠定了基础。

第二章
国家语言能力建设简史（1949 年前）[1]

在中国，国家语言能力建设历史最早可上溯至 2000 多年前的秦始皇时期。秦始皇统一六国后，为便于国家统治，以小篆替代六国文字，实行"书同文"政策，对当时汉字字形的规范和统一起到了巨大的推动作用（冯志伟 2000）。这是中国历史上第一次由国家行政力量推动的大规模语言规划活动，由此拉开了中国国家语言能力建设的历史帷幕。国家语言能力建设涉及面极其广泛，其中国家通用语言文字普及程度及水平是国家语言能力的基础指标，也是决定国家发展状况的一个影响指标（魏晖 2015）。作为国家语言能力的核心组成部分，国家通用语言文字的普及和规范关系到国家统一、民族团结和社会稳定，具有基础性和先导性特点（文秋芳 2019a）。有鉴于此，本章将以通用语的推广和汉字的规范为典例，简要回顾分析中国古代和近现代国家语言能力建设历程及其对新中国国家语言能力建设产生的深远影响。

---

[1] 本章部分内容曾以论文形式发表，参见杨佳：《新中国成立前国家语言能力建设历程考察分析——以通用语推广与汉字规范化为例》，载《中国语言战略》2020 年第 1 期。

2.1 通用语推广

从文字记载来看，通用语从春秋时代起就已经存在。《论语》说："子所雅言，诗、书、执礼，皆雅言也。"这说明孔子教弟子读书时用的不是家乡话，而是当时以洛阳方言为基础的通用语"雅言"（周有光 1998）。后来随着政权的更迭，被选作通用语的汉语方言不断变化，通用语也先后被人们称为"通语""官话"和"国语"。

在古代社会，韵书在通用语的推广中起到了重要作用。秦汉以后，历朝历代都会颁布韵书以确定汉字的正确读音，也就是通常所说的"正音"。如隋朝陆法言执笔的韵书《切韵》在唐代被定为科举考试的标准韵书，成为当时读书人研读典籍、作诗用韵的语音标准；宋朝时期，政府组织学者在《切韵》的基础上不断修订增补，先后编纂了《大宋重修广韵》《集韵》《礼部韵略》等韵书，并将《礼部韵略》定为科举考试的"官韵"；为反映自元代以来中原官话的语音变动，明太祖朱元璋下令编订《洪武正韵》，重新确立了当时官话"读书音"的语音规范标准等。政府编纂韵书的初衷是为了方便文人士子读书考试、作诗用韵，但由于它们较为接近当时通用语的读音，可供操不同方言的人交流，因此在官吏和知识分子中十分流行，客观上促进了通用语的推广。

到了清代，通用语推广迎来了历史上的第一次发展高潮。为了便于推行政令，加强对南方各省的统治，清政府统治者首次将通用语的推广提升到了国家发展层面。雍正皇帝为此下旨设立正音书院（或称"正音书馆"），教授南方官员和读书人以北京音为标准的"官话"，官话运动由此开始。清代学者俞正燮在其书中记载道：

> 雍正六年，奉旨以福建、广东人多不谙官话，着地方官训导。廷臣以八年为限，举人、生员、贡监、童生不谙官话者，不准送试。福建省城四门设立正音书馆。十三年，奉旨展限四年。乾隆二年，驰其令，令州县与士民详见，及教官实心教导，保举时列入政绩……（俞正燮 1883/2005：369）

从这段文字可以看出，当时的清朝统治者推广官话的决心非常大，将能否说官话与科举考试资格、官员政绩联系在一起。这是中国封建统治者首次动用严厉的行政手段推广通用语。在政府的推动下，官话运动一直延续了近70年。但由于官话运动主要面向官吏和知识分子，且当时较为封闭的小农经济对通用语的需求并不强烈，官话运动推行到后期面临重重困难：一方面，官话推广的成效不明显，"教习多年，乡音仍旧"；另一方面，许多地方官对此也不重视，认为官话运动属于多余之举（邓洪波 1994）。因此，乾隆后期各地开始逐步裁撤正音书院，官话运动最终宣告失败。

1840年鸦片战争之后，中国由封建社会逐步沦为半殖民地半封建社会。人们开始认识到，方言差异不仅妨碍交际，同时还会影响教育，妨碍国民团结（李宇明 2002）。在内忧外患的刺激下，为改变当时的落后面貌，中国借鉴日本推广"国语"（东京话）的成功经验，兴起了一场轰轰烈烈的"国语运动"。1912年北洋政府教育部成立"读音统一会"，次年该会即制定《国语推行方法》七条，对国语推广的机构、师资、规章制度等方面作了明确规定，其主要内容如下：

(1) 请教育部通咨各省行政长官饬教育司从速设立"国音字母传习所"，令各县派人学习。毕业回县，再由县立传习所，招人学习，以期推广。

(2) 请教育部将公定字母从速核定公布。

(3) 请教育部速备"国音留声机"，以便传播于各省而免错误。

(4) 请教育部将初等小学"国文"一科改作"国语"，或另添"国语"一门。

(5) 中学师范国文教员及小学教员，必以国音教授。

(6) 《国音汇编》……颁布后，小学校课本应一律于汉字旁添注国音。

(7) 《国音汇编》颁布后，凡公布通告等件，一律于汉字旁添注国音。

（黎锦熙 1934/2011：126-127）

该方案公布后，曾一度进展缓慢。1917 年，胡适、陈独秀等人先后撰写文章，号召开展"言文一致"的文学革命。1918 年，胡适在其《建设的文学革命论》中明确提出"国语的文学，文学的国语"十字口号，至此文学革命与国语统一两股潮流合二为一（黎锦熙 1934/2011：133-138）。到了 1919 年，"五四运动"更是将这些语文改革运动推向高潮。在以上各种因素的推动下，政府开始采取一系列实质性措施来推动国语的普及，先后颁布了《注音字母表》、《国音字典》（即方案中所说的《国音汇编》）、《国语罗马字拼音法式》等重要规范标准，将小学"国文科"改成了"国语科"，并用国语课本替代以文言为主的传统国文课本等。可以说，国语运动是中国历史上第一次全民性的通用语推广活动。可惜好景不长，1937 年全面抗战开始后，国语运动随即陷入停顿。

2.2 汉字规范化

汉字是世界上最为古老的文字之一，经历了长达数千年的发展和演变。殷代以来汉字逐渐普及，但由于中国地域辽阔，民间文字随着时间的推移在晚周时期开始出现区域性差异。因此，秦始皇统一中国后便开始实施"书同文"政策，废除了大量的区域性异体字，使汉字进一步规范化和简易化（郭沫若 1972）。

秦始皇时期推行的"书同文"政策，是将周朝的大篆简化成小篆，以此作为标准文字在全国推行。秦朝灭亡后，通行文字在汉代变为隶书，唐朝时期又进一步演变为楷体。汉字字体一直在演变发展，而且古代较为闭塞的社会生活又带来了汉字区域性差异，这些因素导致历朝历代都存在不同程度的部分汉字字无定形、使用混乱的问题，不利于国家借助文字进行统一有效的政治治理。因此，汉字的规范化成为各个时期国家语言能力建设的核心内容之一。

综观整个古代社会的汉字规范化历程，各个时期统治者采取的规范措施主要有以下两种。一是考订经书典籍。在封建朝代，从最高统治者到经学家,都非常重视经书文字的刊正工作。经书用字可以作为字形规范,其权威性相当于当代政府确立的规范字形表(陈淑梅、孙彩惠 2009)。例如,东汉时期汉灵帝曾批准蔡邕等人正定"六经"文字的奏请,并将校正后的经书刊刻在石碑之上展示,以匡正经书中的文字谬误,史称《熹平石经》。据《后汉书·蔡邕列传》记载,石经刊立后在当时引起了轰动,"及碑始立,其观视及摹写者,车乘日千余辆,填塞街陌"。二是编纂韵书和字书。韵书是古代社会推广通用语的主要手段,同时还是规范汉字读音的重要标准,对此上文已经提及,在此不再赘述。除了韵书外,汇集、整理汉字的字书对汉字字形、字音、字义的规范也起到了重要的推动作用。例如东汉许慎编撰的《说文解字》,首次从形、音、义三方面对汉字进行了系统的归纳和整理。宋仁宗时期政府组织编纂了《类篇》一书,全书按部首编字,共收汉字 53,165 字,是一部集汉字大全的重要字书(罗君惕 1984:41)。

到了清朝末年,提倡利用汉字笔画或拉丁字母等符号拼写字音的"拼音运动"兴起,成为中国汉字规范化史上的一个重要事件。早在明朝末年,出于学习汉语、方便在中国传教的需要,一些西方传教士就用拉丁字母创制了汉语拼音方案,但并未引起国人的关注。中日甲午战争爆发后,一些知识分子认为汉字复杂的结构是提升国民教育水平的障碍之一,开始创制拼音文字。1892 年,卢戆章的《一目了然初阶·中国切音新字厦腔》出版,这是中国人自己创制的第一种汉语拼音文字方案及其拼写读物(高天如 1992)。从该书出版到辛亥革命爆发,国人又先后设计了二十多种拼音方案。在这些拼音方案中,又以王照的"官话字母"和劳乃宣的"简字"影响最大。王照参考日文假名,以汉字偏旁及笔画为材料创制了一份假名式拼音文字方案"官话字母",之后被袁世凯属下的直隶学务处列入师范和小学课程,通令全省启蒙学堂传习;在"官话字母"的基础上,另一名学者劳乃宣又增加了南方话的声韵母,最后合成《简字全谱》出版(戴昭铭 1992)。在这些学者的推动下,清政府中央教育会议最终于 1911 年通过了《统一国语办法案》,同意为官话创制拼音方案。但该方案还未等到实施,就因武昌起义爆发而搁置了。

清政府被推翻后，汉字的规范化主要集中在拼音字母方案的制定和简体字的推广这两个方面。在前期拼音运动的基础上，1913 年民国政府"读音统一会"通过提议，决定采纳由章炳麟用笔画简单的篆文古汉字创制的"注音字母"作为汉字拼音字母，并于 1918 年正式公布《注音字母表》（黎锦熙 1934/2011：126）。由于注音字母不如国际通用的拉丁字母流行，给当时社会交流带来了诸多不便，1926 年"国语统一筹备会"（1928 年改名为"国语统一筹备委员会"）又颁布了《国语罗马字拼音法式》，将罗马字母拼音作为注音字母的一种辅助方案正式在全国推行。随着注音字母和罗马字母拼音方案的推行，用字母拼读汉字读音这一新理念逐步为社会大众所接受，对规范汉字读音、推广国语起到了巨大的推动作用。与此同时，简体字也开始受到重视。清代末年就有学者建议把简体字作为正统文字来使用，但直到 1922 年"国语统一筹备会"通过钱玄同等提出的《减省现行汉字的笔画案》并成立"汉字省体委员会"后，简体字运动才开始作为语文改革运动的一部分得到迅速开展（王均 1995：39-40）。在有志之士的推动下，简体字的社会地位和影响力与日俱增。1932 年，"国语统一筹备委员会"出版《国音常用字汇》，收录了部分宋元以来民间流行的简体字，并于 1934 年审议通过了钱玄同提出的《搜采固有而较适用的"简体字"案》，首次明确提出了简体字的选取标准；1935 年，国民政府教育部公布了《第一批简体字表》，共收录简体字 324 个；到了抗日战争和解放战争时期，简体字运动在解放区得以继续开展，当时采用和创造的简体字还流行到了全国各地（王均 1995：40-42）。

2.3 历史特征

尽管中国有着推广通用语和规范汉字使用的悠久历史传统，但由于长时期处于社会生产力较为低下的封建社会阶段，近现代以来又动乱频仍，因此在具体实践过程中仍存在语言文字改革意识欠缺、覆盖范围狭窄、语言规范标准不够明确等明显的局限性，鲜明地反映了以往各个时期国家语言能力建设所具有的历史特征。

在与处理国家事务相关的语言需求的推动下，政府是推动国家语言能力建设的主要力量，但语言生活具有复杂性和动态性，政府如果忽视语言生活的变化和发展，就会导致国家语言能力建设与现实语言生活脱节。在古代和近现代社会，由于语言文字治理缺乏由下而上的反馈机制，统治阶层往往过于重视规范的"正统性"，缺乏语言文字改革意识，使得国家语言能力建设无法真实、全面地反映社会大众的实际语言生活。如汉字自甲骨文开始就存在简体形式，到了宋代，简体字在民间已十分流行，却仍被统治阶层称为"俗体""破体"，始终未受到重视。民国时期，简体字虽然正式在国家层面推行，但也遭到了不少人的反对。1935年国民政府之所以公布《第一批简体字表》，主要是因为广大知识分子和社会有识之士的强烈呼吁，实际上政府对简体字的推行并没有多少热情。该方案公布后很快就遭到了上层保守势力的反对，因此国民政府又于1936年发布命令停止推行简体字，并且之后一直未再提及此事（苏培成2010：109-112）。通用语的推广也存在类似问题：汉语口语在不断发展变化的同时，书面语却停滞不前，各时期的官话"读书音"和带有方言色彩的"口语音"差异也越来越大。

统治阶层在国家语言能力建设过程中过于强调规范而不重视改革，其中一个重要原因就是相关语言规划活动覆盖人群范围极为有限，主要面向官吏、知识分子和商人等群体，而非人口占绝大多数的普通民众。中国古代社会的语言规划"不是为了让更多人享受语言教育和参与语言交际的便利"，"语言资源没有得到充分的整合和利用"，直接导致人与人之间的交际效率不高，交际效益无法实现最大化（姚亚平2006：132-133）。历朝历代的统治者之所以积极推动韵书、字书的编纂，主要是为了给各地士子读书、作诗用韵提供统一的文字和语音规范，以便于政府选拔官吏、传达政令（周庆生2017）。民国时期政府虽然考虑到了国家语言能力建设的平民化和普及化，但受当时动荡的政治环境以及军阀势力割据的影响，国语运动和简体字运动都未能得到深入落实和推广。此外，在当时的社会经济条件下，只有少数人能够受教育，读书识字对大多数普通百姓来说可望而不可即。由于国家语言能力建设无法惠及普通民众，国民语言能力一直处于较为低下的水平，新中国成立之前文盲率甚至超过了80%（吕福源1999）。这与中国历史悠久的通用语言文字规划传统形成了巨大反差，鲜明地反映了新中国成立之前国家语言能力建设与国民语言能力水平之间的鸿沟。

  此外，语言规范标准不够明确也是各个时期国家语言能力建设的局限所在。一方面，中国古代社会的国家语言能力建设主要是为了便于政治管理，并非为了服务社会大众的日常交流或普及全民义务教育，因此不要求有严格的语言规范标准。以明朝定为官韵的《洪武正韵》为例，其反映的就不是纯粹的汉语北方语音系统，"并不能代表当时的中原音，并且恐怕不是一地的音，而是许多方音的杂糅"（王力 1956：512）。另一方面，由于当时的规划者缺乏明显的规范意识，也导致规范标准的制定往往较为随意。如宋朝时期组织编纂的字书《类篇》收字 53,165 字，数量比《说文解字》多出数倍，主要原因就在于该书"重在字"，意将古文奇字搜罗殆尽，冷僻字、废而不用的汉字也收列其中，明显欠缺严谨性（罗君惕 1984：41）。到了民国时期，语言规范标准的科学性得到了进一步提高。如"读音统一会"曾规定以汉字在多数省份的共同读音为国音标准（俗称"老国音"），之后又改为以北京语音为国音标准（俗称"新国音"），同时还意识到了国音标准不是"把北平的一切读法整个儿搬了过来"，对国音标准进行了几次修订（黎锦熙 1934/2011：268-281）。但由于抗日战争爆发，国音标准的修订工作未能进一步深入。直到新中国成立后，政府继续组织专家对普通话语音与北京语音的区别进行研究，"经过几十年来，尤其是解放后几年来语言学者的努力"，通用语的语音标准问题才最终得到了"有条件地解决"（林焘 2001：249）。语言规范标准不够明确是当时社会经济发展不充分所造成的一个必然结果，在很大程度上制约了各个时期国家语言能力建设的作用和效果。

2.4 深远影响

中国古代和近现代社会的国家语言能力建设受限于当时的社会经济发展水平，不可避免地带有明显的时代局限性，但仍对新中国国家语言能力的发展产生了深远影响。

首先，各个时期开展的国家语言能力建设活动均以汉语和汉字为主要对象，客观上促进了以汉语言文化为代表的"大传统"（great tradition）的形成，为新中国推广普通话和规范汉字、提升国家语言能力奠定了基础（Fishman 1969）。中国是一个多民族、多语言的国家，历朝历代对以各类汉语方言为基础的通用语以及用规范汉字撰写的典籍的推广和传播，有效地促进了中国各民族语言文化的融合。即使在蒙古族统治的元朝时期，蒙古语虽然被规定为"国语"，但汉语仍是国家的主体语言，在当时的社会中具有重要影响。如元代规定科举考试以儒家经典和程朱理学为考试内容，这意味着学习汉语汉字成为参加考试的必要基础和前提，直接促使"数以万计的蒙古、色目子弟埋首经籍，研习汉语及相关典籍"，"对蒙古、色目族群语言取向的改变具有极大的作用和影响"（许晋 2017）。可见，以汉语言文化为代表的"大传统"得到了各个时期各个民族的公认，汉语言文字与其他各民族语言文字和谐共存、互补分用，而不是处于相互冲突的竞争关系当中，这为新中国国家语言能力建设的顺利进行提供了和谐的语言生态环境。

其次，历朝历代在国家语言能力建设过程中采取的一些措施为新中国开展相关工作提供了有益的借鉴和参考。例如自唐代开始，"官修辞书"便成为各个时期政府对汉字进行规范的惯例。在编纂过程中，统治者采取了政府主持与专家参与相结合的合作模式，这为新中国成立后政府联合专家学者推动国家语言能力建设提供了宝贵经验（陈章太 2015：156）。除了成功经验值得借鉴之外，以往各个时期在国家语言能力建设过程中遭遇的曲折和问题，也为新中国成立后继续开展相关语言规划活动提供了重要参考。比如民国时期最初以汉字在多数省份的共同读音作为国音标准，结果发现这种人为创造的"老国音"根本无法推行。直到1924年民国政府重新确定以北京语音为标准音,国语运动才得以继续推进。这一发展过程表明,杂糅南北语音的国音标准在中国并不适用,只有以北京语音为标准音才符合国家通用语语音发展的趋势(苏培成 2010:72)。新中国成立后,政府吸取了这一经验教训,继续确定以北京语音为标准音的普通话语音标准,为全国推广普通话节省了大量的时间和精力。

最后,中国国家语言能力的建设过程,同时也是民众语言文字改革意识逐步被唤醒的过程,这为新中国成立后继续通过语文改革来推动国家语言能力建设扫清了思想障碍。在中国古代社会的绝大多数时期,政府在国家语言能力的建设过程中占据着绝对主导地位,社会大众只是语言政策的被动接受者和具体执行者。清朝晚期,帝国主义的坚船利炮使人们感受到深深的社会危机感,改革语言文字、推进国民教育的呼声也越来越强烈。在此历史背景下,以一批先进知识分子为先锋,广大人民群众参与的语文改革运动应时兴起。自此之后,政府开展的一系列语言规划活动,如推行国语和简体字、制定拼音方案等,明显受到了当时语言文字改革思潮的影响,已然成为语文改革运动的一部分。近现代国家语言能力建设向社会语言生活新的发展需求靠拢,极大提升了民众参与语文改革运动的积极性,同时还在全社会进一步普及了语言文字改革意识,为新中国继续推进语言文字改革工作创造了有利条件。

2.5 结语

无论是早在秦始皇时期推行的"书同文"政策,还是近现代开展的国语运动、简体字运动,都反映了各个时期政府借助语言文字构建统一社会的意识和决心。受限于当时的社会经济发展水平,古代和近现代国家语言能力建设具有明显的时代性,主要表现为语言文字改革意识欠缺、覆盖范围狭窄、语言规范标准不够明确等特征。这在很大程度上限制了国家语言能力建设的影响和效果,从而导致大多数普通民众无法从中受益。不过我们也要看到，以往各个时期开展的相关语言文字规划活动不仅为新中国国家语言能力建设提供了丰富宝贵的经验和参考，而且还形成了以汉语言文化为主的"大传统"，为新中国推广普通话和简化汉字等语言文字规划活动的顺利开展奠定了坚实基础；近现代国家语言能力建设与语文改革运动融为一体，进一步提升了社会大众的语言文字改革意识，为新中国继续推进语言文字改革工作扫清了思想障碍。以往各个时期开展的语言文字规划活动，对新中国国家语言能力的建设产生了深远影响，其留下的宝贵的语言文字财富和历史经验，值得当下我们进一步重视、研究和利用。

第三章
新中国国家语言能力 70 年建设的发展历程[1]

新中国成立后,为了改变落后面貌,提升国民教育水平,中国政府成立了专门的语言文字工作机构,并围绕语言文字改革各项任务制定了一系列规划和措施,实现了国家语言能力的跨越式发展。本章将根据国家语言能力新理论框架所包含的国家语言治理能力、国家语言核心能力以及国家语言战略能力这三类分项能力所涵盖的维度(文秋芳 2019a),以举例的方式说明新中国成立 70 年来在国家语言能力建设上所取得的骄人成绩及存在的不足。

3.1 国家语言治理能力

建设国家语言治理能力可从三个维度入手:治理机构体系构建、规划制定与实施、语言生活研究与交流。新中国成立 70 年来,国家语言治理能力发生了翻天覆地的变化,从无到有,从弱到强,逐步适应并推动了语言强国的建设。下文将以"治理机构体系构建"为例展示中国国家语言治理能力的快速发展和面临的挑战。

---

[1] 本章部分内容曾以论文形式发表,参见文秋芳:《对"国家语言能力"的再解读——兼述中国国家语言能力 70 年的建设与发展》,载《新疆师范大学学报(哲学社会科学版)》2019 年第 5 期。

衡量国家语言治理能力的指标主要有完整性、协调度和执行力（见表3.1）。完整性指政府对国家语言治理是否有上下联动、覆盖全国的机构体系，这是决定治理能力的行政基础。根据教育部、国家语委印发的《〈国家语言文字事业"十三五"发展规划〉分工方案》，国家语言文字工作涉及政府不同部门，它们有分工，有交叉，有合作。[1] 以推广普通话为例。在农村开展普通话宣传推广工作、大力提升青壮年劳动力普通话水平的任务，由国家语委牵头，参与的单位有中宣部、文化部、新闻出版广电总局、全国总工会、团中央、全国妇联和相关地方语委。在少数民族地区提升教师、基层干部和青壮年农牧民国家通用语言文字应用能力的任务，由国家语委牵头，参与的单位有教育部、国家民委、人力资源和社会保障部、全国总工会、团中央和相关地方语委。虽然国家语言能力建设和发展涉及多个政府部门和社会团体，但在这多个部门中起关键和协调作用的是国家语委。因此，下文以国家语委为例来说明70年来中国国家语言治理能力的发展。

表3.1 国家语言治理能力三维度的评价指标

评价指标	说明
完整性	国家是否有从中央到地方上下贯通的语言治理机构体系
协调度	政府建立的各语言治理机构体系之间是否有很好的横向分工与协作关系
执行力	政府建立的各语言治理机构体系能否发挥应有功能并取得成效

国家语委原名为"中国文字改革委员会"，直属国务院领导，于1954年12月正式成立，1985年12月更改为现名。1998年机构改革，国家语委并入教育部，对外保留国家语委的牌子。经过多年的不懈努力，教育部、国家语委领导下的语言治理机构体系已基本完善。这是世界上规模最大、机制最完善、协调性最好的国家语言能力治理机构体系。

如图3.1所示，新中国整个语言治理机构体系分为国家和地方两个层

---

[1] 详见 www.moe.gov.cn/srcsite/A18/s7066/201701/t20170113_294774.html（2019年5月19日读取）。

面。国家层面的领导机构是教育部和国家语委。根据2017年发布的《中国语言文字事业发展报告》白皮书,国家语委是"由29个党政部门、社会团体等组成的规划并统筹推进国家语言文字事业的职能部门"(国家语言文字工作委员会2017:137),是一个跨政府部门、跨社会团体的协同工作机构,同时也是一个领导决策机构,下设"两司""一所""一社"。"两司"指教育部语言文字应用管理司(以下简称"语用司")和教育部语言文字信息管理司(以下简称"语信司"),负责承办国家语委布置的具体工作;"一所"为语言文字应用研究所(以下简称"语用所"),属于科研单位,专门研究有关语言文字应用的理论和实践问题;"一社"为语文出版社。国家层面还设有国家语委咨询委员会,属于指导咨询机构,是执行机构的智囊团,负责提供咨询和指导建议。

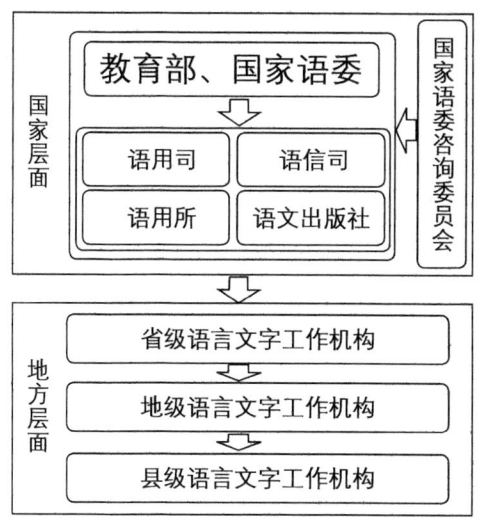

图3.1 国家语委主导的国家语言能力治理机构体系

地方层面有省级、地级、县级三级自上而下的语言文字工作机构,与国家层面国家语委的工作对接(国家语言文字工作委员会2018:149-151)。截至2016年,全国(港澳台地区除外)31个省(自治区、直辖市)全部设立了语言文字工作机构。截至2017年,全国(港澳台地区除外)已建立地级和县级语言文字机构 2238 个，另有 277 个地、县级行政区虽无固定机构，但有专职人员负责。将这两类合在一起，中国已有 78.35% 的地、县两级行政区落实了语言文字工作的管理。

完整性指纵向行政体系的完善度，协调度则指横向机构之间的联动与合作。进入 21 世纪以来，国家语委的协调功能日趋增强。前文提到国家语委是一个跨部委语言文字工作的协调机构，由 29 家单位组成，其中包括教育部、中宣部、外交部、文化部、公安部、科技部、民政部等。凭借这个协调机制，国家语委研制了系列外文译写国家标准。例如，《公共服务领域外文译写规范》的研制于 2014 年启动，历时三年，2017 年该标准由国家质量监督检验检疫总局、国家标准化管理委员会批准并向社会正式发布。目前已公布的译写规范有《公共服务领域俄文译写规范》《公共服务领域日文译写规范》《公共服务领域英文译写规范》。该系列规范是关于公共服务领域外文翻译和书写质量的国家标准，说明了 13 个服务领域（交通、旅游、文化、娱乐、体育、教育、医疗卫生、邮政、电信、餐饮、住宿、商业、金融）的外文译写原则、方法和要求。

执行力关注整个行政体系运行的效果。要确保治理机构体系的有效运行，必须要有督查机制。2000 年第九届全国人民代表大会常务委员会第十八次会议通过的《中华人民共和国国家通用语言文字法》（以下简称《国家通用语言文字法》）中第三章"管理和监督"列出了七条条款。自此，全国有 19 个省（自治区、直辖市）将语言文字工作纳入教育督导评估。为了更好地落实《国家通用语言文字法》和全面贯彻《国家中长期语言文字事业改革和发展规划纲要（2012—2020 年）》，2015 年国家语委、国务院教育督导委员会办公室共同制定了《语言文字工作督导评估暂行办法》（以下简称《暂行办法》），并附有清晰的评估指标体系框架。《暂行办法》共五章：(1) 总则；(2) 督导评估内容；(3) 督导评估的实施；(4) 奖励与问责；(5) 附则。第三章"督导评估的实施"内容明确、清楚，包括评估对象、评估周期、督导组组成、评估具体程序和评估方式。评估框架中包含四个一级指标：(1) 制度建设（20 分）；(2) 条件保障（15 分）；

（3）宣传教育（30分）；（4）发展水平（35分）。每个一级指标包含2—5个不等的二级指标。以制度建设为例，其二级指标包括：组织领导（7分）、政策规划（8分）和督查机制（5分）。由此可以看出，《暂行办法》具有很强的操作性。2016年，教育部、国家语委在河北、甘肃两省开展了评估试点。2017年，全国36个一类城市完成评估，二类城市完成率达到90.06%，三类城市完成率达到62.47%（国家语言文字工作委员会2018）。

将现有治理机构体系与国家语言能力构成相匹配，中国仍旧面临以下问题。第一，地方层面还有20%以上的地级和县级治理机构体系有待落实；第二，对国家语言战略能力的治理相对薄弱，国家对外话语表述这一维度目前尚无专门机构管理；第三，不同学段的外语教育由基教司、职成司和高教司三个不同机构负责，未形成相互衔接的"一条龙"；第四，国家语委与教育部在语言文字工作上有明显重叠。我们建议将国家语委设置为统管国家语言能力建设的顶层机构，这样可以保障国家语言治理能力的完整性、协调度和执行力。

3.2 国家语言核心能力

国家语言核心能力涉及四个维度：国家通用语普及、国家通用语规范使用、国家语言智能化与国家语言和谐生活建设。衡量这四个维度的评价指标是政策力、实践力和绩效力（见表3.2）。中国国家语言核心能力建设70年来取得了举世瞩目的成就，为国家统一、民族团结、社会稳定和经济发展作出了不可或缺的贡献。下面将根据表中三个评价指标，以国家通用语普及这一维度为例，说明中国国家语言核心能力70年的持续稳定发展状况。

表 3.2　国家语言核心能力四维度的评价指标

评价指标	说明
政策力	对国家语言核心能力是否制定了相关法律、法规、条例、标准等
实践力	对国家语言核心能力的相关政策是否提出了具体的落实措施
绩效力	国家语言核心能力相关政策的落实措施是否取得了预期效果

政策力指政府对通用语的普及是否制定了比较完善的政策、法规。自新中国成立以来，中央政府对"书同文、语同音"这项事关各民族团结、国家安定和社会和谐的工作高度重视。1956年国务院发布《关于推广普通话的指示》，1958年第一届全国人民代表大会第五次会议通过《汉语拼音方案》，1982年有关推广普通话的内容写进《中华人民共和国宪法》（陈章太、谢俊英2009）。2000年第九届全国人民代表大会常务委员会第十八次会议通过的《国家通用语言文字法》明确规定：中国通用语言文字是普通话和规范汉字。截至2016年，中国已经发布了与之相应的23部地方性法规（国家语言文字工作委员会2017）。

实践力指政府对普及国家通用语采取的措施是否具有广度和深度。中央政府在中华人民共和国成立九天后就成立了中国文字改革委员会，组织专家队伍设计《汉语拼音方案》。该方案历经八年反复修改与研讨，于1958年正式公布。这为扫盲、识字和推广普通话打下了坚实的基础。从国家语言文字工作"八五"计划（1991—1995）起，后续的每个五年计划都把"推广普通话"作为首要任务。中国改革开放前的推普总方针为"大力提倡、重点推行、逐步普及"。这十二字方针体现了政府充分认识到全国推普的长期性、艰巨性和持续性，既需要广泛宣传，让全社会更多人参与，又需要突出重点，抓主要矛盾，以点带面，稳步前行。随着改革开放的推进，从"八五"计划起，推普总方针调整为"大力推行、积极普及、逐步提高"，这表明推普工作进入了新阶段。政府推普的力度有所加大，措施有所加强，普及率指标有所提高。2017年国家语委印发了《国家通用语言文字普及攻坚工程实施方案》，制定了明确的目标（全国平均普及率达到80%以上）、任务、措施和验收指标，使推普工作的广度和深度又上了一个新台阶。

绩效力指普及通用语所取得的成效如何。从1956年2月国务院发布《关于推广普通话的指示》起，普通话得到稳步推广。截至2017年，中国在全国范围内已经实现了1997年提出的普及率奋斗目标，达到70%以上（国家语言文字工作委员会2018）。不足的是东西部、城乡之间发展不平衡，东西部的普通话普及率差距达20个百分点，一些大城市与农村的差距甚至达50个百分点。从1998年起，经国务院批准，每年9月第三周定为全国推广普通话宣传周（以下简称"推普周"）。每年推普周都有不同的宣传主题，例如2003年是"大力推广普通话，齐心协力奔小康"，2005年是"实现顺畅交流，构建和谐社会"，2013年是"推广普通话，共筑中国梦"，2015年是"依法推广普通话，提升国家软实力"，2017年是推普周活动开展20周年。此外，中央和地方还长年不断地举办各种类型的普通话培训班，有效提高了各民族干部、教师的普通话水平。仅2017年，地方上参加培训的人数就达到了399,692人（国家语言文字工作委员会2018）。

新中国成立70年来，普通话普及工作虽然有部署、有落实、有检查，成效明显，但还存在一些问题：在法律法规上"刚性"不足，对违反法律法规者无惩戒措施；对普及普通话在维护国家统一、加强民族团结、提高国家认同方面的意义认识还不够充分；对在普及普通话中起关键作用的学校教师要求不够严格，培训不够到位。这些问题须花大气力加以解决。

3.3 国家语言战略能力

国家语言战略能力也涵盖四个维度：国家外语教育、国家通用语国际拓展、国家语言人才资源掌控和国家对外话语表述。与国家语言核心能力相比，中国国家语言战略能力发展速度与质量相对滞后。随着中国综合国力不断强大、国际地位持续提升，对国家语言战略能力的需求也在不断增加。进入21世纪,特别是中国共产党第十八次全国代表大会以来,"一带一路"倡议对国家语言战略能力的需求尤为迫切。下文根据表3.3中"覆盖面""科学性""影响力"三个评价指标,以国家外语教育维度为例,说明中国国家语言战略能力70年来的建设与发展。

表3.3 国家语言战略能力四维度的评价指标

评价指标	说明
覆盖面	国家语言战略能力辐射多少国家和地区
科学性	国家语言战略能力的提升是否符合内在规律性,是否符合社会需求
影响力	国家语言战略能力在多大范围内产生正面、积极的效果

覆盖面指中国通过外语教育培养的语言人才种类能够涵盖多少国家和地区。换句话说,中国外语教育涉及的语种数量有多少,能用世界上多少种语言进行直接沟通。根据"国家外语人才资源动态数据库"[1]的统计,2010—2015年中国高校招收的非通用语专业仅有44种,总人数仅8万多,其中朝鲜语/韩语占33%;2016年增加到65种,覆盖了欧盟国家24种官方语言和东盟十国官方语言;2017年达到83种,2018年达到98种,2019年新增3个语种。到2020年,北京外国语大学开齐所有与中国建交国家的主要官方用语。[2]虽然近十年来,政府下发了多个加强非通用语教育的文件,中国高等教育的外语人才培养种类有了快速发展,但与美国相比仍有明显差距。2009年美国高校已经能够开设259种语言的课程,其中非通用语244种(Furman *et al* 2010)。

科学性指外语人才培养方式是否符合内在规律性,是否符合社会需求。20世纪80年代后期,只有上海外国语大学、北京外国语大学等少数高校开展了复合型外语人才的教学实验,大部分外语专业主要培养外国文学、语言学和翻译人才。直到1998年12月,教育部高教司转发了《关于

---

[1] 文秋芳教授曾承担国家社科基金重大项目"国家外语人才资源动态数据库建设"(批准号12&ZD176)。

[2] 详见http://www.bfsu.edu.cn/overview(2019年5月19日读取)。

外语专业面向 21 世纪本科教育改革的若干意见》后，复合型外语人才培养的必要性、复合型外语人才的概念和培养模式才得到官方文件的正式确认，复合型外语人才的培养才逐步得到重视（高等学校外语专业教学指导委员会 1998）。目前的模式有："外语 + 专业知识""外语 + 专业方向""外语 + 专业""专业 + 外语"和双学位。随后 2000 年颁布的《高等学校英语专业英语教学大纲》首次将复合型人才列为英语专业的培养目标（何其莘 2001）。自此，外语专业培养复合型人才"名正言顺"。不足的是，这个阶段的外语人才培养一方面过于强调语言和专业的叠加，忽视了立德树人；另一方面一味强调对西方语言文化的学习，忽略了中国文化，未能恰当处理国际视野和中国立场之间的辩证关系。自十九大以来，这一不良倾向正逐步克服，但在课程、教材和课堂教学中得到全面纠正尚需时日。

影响力指国家投入资源培养出的外语人才能在国内外语言事务处理中产生多大的积极影响。换句话说，他们是否能为国家、为全人类的发展作出积极贡献。事实证明，中国培养出的外语人才对国家的外交、经济、文化、科技、军事发展发挥了很大作用。特别是改革开放以来，大批外语人才有力助推了改革开放初期外资、中外合作企业的发展和外贸进出口业务的扩大，后来对"中国企业走出去""中国文化走出去"等也发挥了积极的推动作用，但短板还明显存在。例如，语种不足导致国际事务中找不到合适的人才承担相应任务；再如，高端外语人才缺乏致使中国人在国际组织中任职数额不足。

3.4 结语

新中国成立 70 年来，国家语言能力建设和发展取得了辉煌成就。尤其是改革开放以来，中国经济实力显著增长，综合国力不断增强，为国家语言能力的发展奠定了坚实的基础。另一方面，国家语言治理能力逐步完善，国家语言核心能力持续增强，国家语言战略能力建设加速推进，又反过来进一步推动了政治、经济、文化、科技、外交等领域的飞速发展。社会经济与国家语言能力良性循环的发展格局已经基本形成。但我们也要看到，中国国家语言能力与中国日益上升的国际地位还很不相称，语言文字工作在机构设置、法制建设、语种布局等各个方面还有进一步提升的空间。目前政府和学界亟须联动，进行战略谋划，拿出实招、硬招，尽快将中国建成国家语言能力强国。为更全面地展示新中国国家语言能力建设取得的成就与存在的不足，本书将从第四章开始逐一对国家语言能力各分项能力的发展现状进行考察与分析，以期为学界和语言文字工作者提供有益借鉴与参考。

第四章
新中国国家语言治理能力建设[1]

文秋芳（2019a）提出，国家语言治理能力指"政府运用语言处理国内外两类事务的效力和效率"，可以从三个维度来分析：国家语言治理机构体系构建（以下简称"机构体系构建"）、国家语言规划制定与实施（以下简称"规划制定与实施"）和国家语言生活研究与交流（以下简称"研究与交流"）。回顾新中国国家语言文字工作70年（1949—2019年）的发展情况，本章以新中国成立、"文革"结束和《国家通用语言文字法》审议通过为标志，将国家语言治理能力建设历程划分为三个阶段：（1）建设期（1949—1977年）；（2）发展期（1978—1999年）；（3）繁荣期（2000年至今）。总体上，新中国治理涉内语言事务的能力稳步提高。经过70年的努力，中国现已构建了较为完善的语言治理机构体系，制定并落实了多个语言文字事业发展的五年规划。进入21世纪后，各方面工作更是朝着规范、系统、创新的方向发展，语言生活研究的顶层设计进一步优化，研究成果的国内外交流力度明显加大，呈现出一派欣欣向荣的景象。本章将聚焦涉内事务的语言治理，围绕"机构体系构建""规划制定与实施""研究与交流"三个方面，呈现各阶段的特点与成就。

---

[1] 本章部分内容曾以论文形式发表，参见文秋芳：《国家语言治理能力建设70年：回顾与展望》，载《云南师范大学学报（哲学社会科学版）》2019年第5期。

4.1 机构体系构建

"机构体系构建"指政府是否建立了自上而下的国家语言治理行政体系。中国国内语言事务的治理工作沿着两方面进行：国家通用语和少数民族语言。这两方面的工作时而分开、时而交叉。下文将依据两方面分别加以阐述。

4.1.1 国家通用语事务

在建设期，国家通用语治理机构体系整体上处于初创阶段。尽管如此，中央政府因地制宜，采取了特殊的自上而下、自下而上、反复征求意见的方式，弥补了当时行政体系不健全的缺陷。

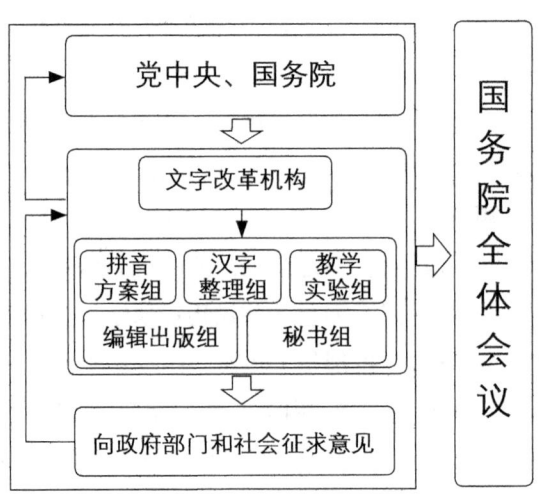

图 4.1 建设期国家通用语事务治理结构

图 4.1 大致展示了这一阶段国家通用语事务治理状况。位于图中央的"文字改革机构"虽几经更名，但中心任务未有根本变动。1949 年 10 月 10 日，中国文字改革协会在北京成立，这是政府支持成立的首个研究文字改革的民间组织（王理嘉 2009）。1952 年 2 月 5 日中国文字改革协会更名为中国文字改革研究委员会，隶属于政务院文化教育委员会，内设拼音

方案组、汉字整理组、教学实验组、编辑出版组、秘书组,是首个国家级文字改革研究机构(王均 1995:60)。1953 年 10 月 1 日,党中央成立了中央文字问题委员会,主要任务是协调党内对于文字改革的不同意见,研讨文字改革工作上的重大原则和实行步骤,向党中央提供切实可行的意见(王均 1995:62)。1954 年 12 月 23 日,中国文字改革研究委员会正式改为中国文字改革委员会(以下简称"文改会"),直属国务院领导。1956 年 1 月 28 日,中央推广普通话工作委员会成立,具体工作由文改会负责,不另设机构。1956 年 6 月文字改革出版社成立,专门出版文字改革和语言文字书刊。1956 年 8 月《拼音》杂志创刊,1957 年 8 月改名为《文字改革》(王均 1995:81-82)。1966—1971 年由于"文革",文改会工作被迫停止。1972—1976 年在周总理的指示下,文改会职能逐步恢复,普通话推广工作得以延续。

上述这一体系具有两个显著特点。第一,文字改革机构的工作直接受党中央、国务院的领导,机构人员与中央领导循环互动,反复斟酌和打磨各种将要出台的文字改革方案,文字改革出版社为文字改革机构服务,宣传其方针、政策。例如,毛泽东曾就汉字简化方案做过两次批示。第二,文字改革机构在拟订的草案获得中央领导同意后,立即向各相关政府部门和全社会征求意见,集思广益,对草案进行多轮讨论和修改,直至获得国务院全体会议正式通过。

在发展期,中国语言事务治理逐步形成了国家级与省级两级机构体系。截至 1979 年,全国有 27 个省(自治区、直辖市)成立了文字改革专门机构、临时领导机构或指定机构,以完成中央布置的文字改革有关任务(王均 1995:106)。1984 年国务院批准成立语言文字应用研究所(费锦昌 2005:37)。1985 年 12 月文改会经国务院批准更名为国家语委,其主要职责是:贯彻执行国家关于语言文字工作的方针、政策和法令,促进语言文字的规范化、标准化,继续推动文字改革工作,并做好有关的社会服务工作(费锦昌 2005:50)。1986 年 2 月原国家教委推广普通话办公室正式划归国家语委。1986 年 3 月《文字改革》杂志更名为《语文建设》,由国家语委主办，成为向社会宣传国家语言文字政策、方针等的刊物（费锦昌 2005：55）。1990 年 5 月国务院批准国家语委正式成立文字应用管理司（费锦昌 2005：82）。1998 年国务院机构改革，国家语委由教育部领导，对外仍旧保留国家语委的牌子，内设语用司和语信司。表 4.1 列出了这一时期从文改会到国家语委的机构变迁情况。由此可以看出，从改革开放之初至世纪之交，中国国家层面的语言治理机构体系在不断探索中逐步完善。

表 4.1　发展期国家语言文字机构的变迁（王均 1995；费锦昌 2005）

年代	国家层面文字改革机构的变化
1980	根据国务院精神，文改会人员增补了 10 人，由 20 名委员组成；文字改革出版社更名为语文出版社，直属文改会领导；普通话推广工作正式划给教育部。
1984	成立语用所，接受中国社科院和文改会双重领导，以社科院为主。
1985	文改会改为国家语委，由 26 名委员组成。
1986	原国家教委属下的推广普通话办公室划归国家语委。
1990	国家语委内设普通话推广、文字应用管理司。
1991	国家语委公布经国务院批准的国家语委委员名单 37 人。
1994	国家语委设立宣传政策法规室；国务院批准调整后的国家语委委员名单 33 人。
1995	国家语委机关进行调整，普通话推广司改名为语言文字应用管理司，文字应用管理司改名为中文信息司，信息司下设信息处和文字处。
1998	国务院机构改革，国家语委并入教育部，对外仍旧保留国家语委的牌子，内设语用司和语信司，每个司下设两个处。
1999	国家语委调整国家语委科研规划领导小组和语言文字规范审定委员会，科研办设在教育部语信司规划协调处，审定会办公室设在语信司标准处。

在繁荣期，以国家语委为主体的语言事务治理机构体系已基本完善（见图 4.2）。整个体系由国家和地方两个层面构成。国家层面有教育部和国家语委。国家语委是规划、统筹国家语言文字事业的职能部门，由 29 个党政部门、社会团体组成。依据"语委统筹、部门协同、专家支持、社会参与"的工作机制，国家语委每年召开一次全体委员单位代表会议，报告每年的工作情况和来年的工作计划。下设机构有"两司""一所""一

社"。"两司"指语用司和语信司,负责承办国家语委布置的具体工作。每个司内设两个处:语用司设立了"政策法规与督查处"和"宣传推广与教育处";语信司设立了"规划协调处"和"标准处"。"一所"指语用所,专门研究有关语言文字应用问题,内设多个处、室和中心,还负责出版《语言文字应用》杂志。"一社"指语文出版社,服务于语言文字出版工作。

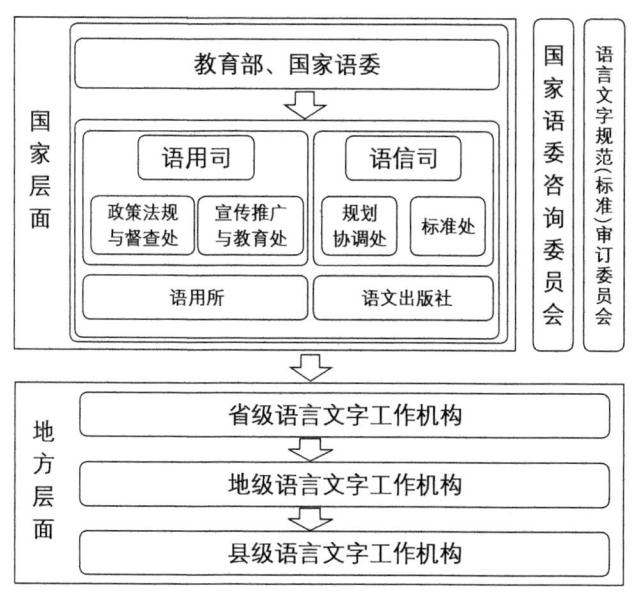

图 4.2 国家语委主导的国家语言能力治理机构体系

2000 年 12 月 13 日,首届国家语委咨询委员会成立。2001 年 11 月 22 日,新世纪第一届国家语委语言文字规范(标准)审定委员会成立。这两个委员会都是国家语委的高层智囊团。前者重点对国家语言文字重大问题、热点问题建言献策,就语委的年度工作和未来计划给予评价和建议;后者主要负责审定语言文字标准,为语言文字规范化、标准化工作咨政建言。

在地方层面,省、地、县三级自上而下联动的语言文字机构体系基本建成,对接国家层面的国家语委工作。截至 2016 年,全国除港澳台地区以外的31个省（自治区、直辖市）都设有语言文字工作机构；截至2017年，地、县级语言文字工作机构共有2238个，另有277个地、县级行政区虽无固定机构，但有明确人员负责（国家语言文字工作委员会2018：149-151）。

4.1.2　中国少数民族语言事务

在建设期，新中国成立初期只有9个民族有文字体系和相应读物，5个民族有通用文字但无相应读物，4个民族有文字但未普遍使用，还有相当一部分民族无文字（周庆生2002）。1951年2月中央政府颁发文件，要求设立机构帮助少数民族创制文字。于是，同年10月"少数民族语言文字研究指导委员会"成立，隶属国务院，其任务是"指导和组织关于少数民族语言文字的研究工作，帮助尚无文字的民族创立文字，帮助文字不完备的民族逐渐充实其文字"（史筠1988；周庆生2002）。1954年后，该委员会由国家民委负责管理（陈章太2015：191）。为了确保少数民族语言文字创制工作的顺利完成，截至1959年，中国成立的民族语言文字工作机构已达11个（周庆生2002）。这比国家通用语省级工作机构体系的建设早了十多年，可见中央对少数民族语言文字创制和改革工作极其重视。为了解决同一种少数民族语言跨省区的复杂情况，民间还出现了被政府认可的民族语文协作组织，后成为政府的议事协调机构。这种跨省区的协作组织解决了同一民族在不同省区的民族教育、文化领域发展中遇到的实际问题（苏培成2010：790）。例如，根据1974年国务院发出的《关于内蒙古自治区蒙古语文工作问题报告的批复》精神，1975年5月八省区蒙古语文工作协作小组成立（苏培成2010：790）。

在发展期，民族语文协作组织继续增加。从1977年起，东北三省建立了朝鲜语文出版、朝鲜文教材、朝鲜语文三方面的协调机制（苏培成2010：791）。后经三省协商，1989年东北三省朝鲜语文协作领导小组正式成立，主要负责民族教育和朝鲜文字的规范化、标准化和信息化，同时协调朝鲜文字的调查和相关学术研究。1982年3月在国家民委和国家教委的协调下,西部五省区藏文教材协作领导小组成立,主要负责编译不同教育层次、不同学科的藏文教材,实现了藏文教材的全覆盖,做到了"配套建设、同步供书、课前到书、人手一册"。1993年在昆明成立了西部四省区彝文协作机构,办公室设在云南省少数民族语文指导工作委员会。协作的主要成果有两项:一部《彝文字典》和一部《彝文字集》(苏培成 2010:791-792)。1998年少数民族语言文字研究指导委员会归国家民委领导,指导少数民族语言文字的翻译、出版工作;少数民族语言文字的规范化工作由国家语委负责(陈章太 2015:190-191)。由此可见,国家语委和国家民委的工作有一定的交叉。

进入繁荣期后,国家民委的少数民族语文工作在深度和广度上都有了明显拓展。2013年4月9日国家民委民族语文工作专家咨询委员会成立,涵盖11个语种,召集了民族语文理论政策、民族语文应用研究等领域的知名专家学者。2017年12月国家民委民族语文工作专家咨询委员会的换届工作完成,新增了语言规划、政治学、法律学、历史学、管理学等领域的著名专家。[1]

图4.3描述了中国现有的少数民族语言事务治理机构体系。在国家层面,隶属国家民委的教育科技司设有民族语文处,具体负责与少数民族语言相关的事务。同时国家民委民族语文工作专家咨询委员会是中国少数民族语言文字工作的智囊团,为国家民委献计献策。地方层面既有与国家民委语文工作处对接的区(市)语文工作机构,又有跨省区的民族语文协作组织。这种协作组织能够更好地完成单一省区难以完成的任务。需要说明的是,教育部下设民族教育司,该司统筹规划少数民族双语教育工作。由此可以看出,国家民委与国家语委、教育部在民族语言文字工作方面有重叠和交叉。

---

[1] 详见 https://www.neac.gov.cn/seac/xwzx/201801/1002009.shtml(2019年4月1日读取)。

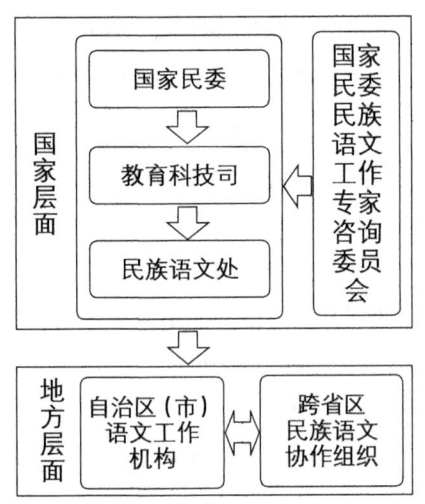

图 4.3　国家少数民族语言事务治理机构体系

4.2　规划制定与实施

截至 2020 年，中国国民经济已有十三个五年规划，但语言规划起步相对较晚。国家语委的语言文字工作规划始于"七五"规划（1986—1990 年），其后中国语言文字规划基本能与国民经济规划同步制定。国家民委的少数民族语言文字工作仅有"十三五"规划（2016—2020 年）。下文将分别描述国家语委和国家民委两个系统的规划制定与实施情况。

4.2.1　国家语委的规划制定与实施情况

迄今为止，国家语委已制定了多个语言文字规划。每个规划大致包括四部分内容：(1) 前期主要成绩；(2) 新规划的主要目标；(3) 新规划的主要任务；(4) 完成新任务的保障措施。比较已有规划，可看出国家语委的规划种类不断增加，规划覆盖内容不断拓展，规划重点越来越突出，拟完成的任务越来越具体、明确。总体而言，中国语言文字规划最显著的特点是具有长远性、连贯性与持续性。

在建设期，中央政府虽未就国家通用语制定专门的规划，但这一阶段的语言文字工作目标明确、任务具体，其中包括简化汉字、设计汉语拼音方案和推广普通话。

在发展期的初期，各部门都忙着"拨乱反正"，基本上无暇顾及规划制订。从1986年开始，也就是20世纪最后的15年，语言文字规划开始进入议事日程。首先，国家语委拟订了"七五"规划（1986—1990年）。1991年公布了十年规划（1991—2000年），随后公布了"八五"（1991—1995年）和"九五"（1996—2000年）规划。从语言规划学角度来看，这一时期规划内容以"地位规划"和"本体规划"两个维度为主。1982年12月第五届全国人民代表大会第五次会议通过的《中华人民共和国宪法》明确规定了"国家推广全国通用的普通话"条款，因此推广普通话、推行《汉语拼音方案》一直是"七五""八五""九五"规划的首要任务。第二大任务是推行已公布的简化汉字，规范现代汉语词汇和科技名词术语的使用。从"八五"规划开始，增加了有关语言文字信息化的新任务，提出要建设大型汉语语料库，加强科学研究。

在繁荣期，中国语言文字规划工作呈现出一派欣欣向荣的景象。随着《国家通用语言文字法》颁布实施，语言文字工作步入了法治轨道。这一阶段的规划制定与实施更为系统、全面，在内容上与前期规划相比有两大不同。第一，从"十一五"规划（2006—2010年）颁布起，推行《汉语拼音方案》不再是主要任务，这表明该任务已在2006年之前基本完成。第二，从2012年起，规划内容增加了"弘扬传播中华优秀文化"。这一变化反映了国家语委积极响应十八大报告中提出的建设社会主义文化强国的号召。

从规划实施来看，"十三五"规划实施的力度显著增强。与前面规划不同的是，国家语委编制了"十三五"规划的分工执行方案。该方案将"十三五"规划中的六项任务逐项分解为若干子任务，并列出了每项任务的牵头单位和参与单位。根据《教语用函〔2016〕6号》文件精神，制定分工方案的目的是"对规划当中提出的任务目标进行明确的责任分工"，遵循的基本原则是"政府主导、语委统筹、部门支持、社会参与"。对目标和任务的详细分解，为顺利完成"十三五"规划中提出的各项任务提供了有力保障。这是新中国成立以来语言文字事业工作首个落实计划的执行方案，确保"十三五"规划制定的蓝图能够变为现实。这就好比造房子，不仅有设计图纸，而且有施工方案。我们认为，这是繁荣期最为突出的亮点。

4.2.2 国家民委的规划制定与实施情况

在"十三五"规划之前，国家民委未制定有关少数民族语言文字的五年计划，因为少数民族语言使用规范化、标准化和信息化的工作由国家语委负责。之所以再次强调民委的职责，是源于2014年中央召开的民族工作会议。这次会议对民族地区语言相通、干部群众双语学习等工作作出了重要部署，为深入抓好民族语文工作指明了方向。为了更好地贯彻中央民族工作会议精神，国家民委于2015年初启动了"十三五"规划的编制工作，整个编制过程历时近两年。编制组组织了多次调研，征求了五轮意见，还进行了一次合法性审查，最后提交国家民委委务会审议并获得通过。[1]

2017年3月国家民委公布了《"十三五"少数民族语言文字工作规划》。这是首份有关民族语文工作制定的规划，其内容包括四部分：（1）指导思想和基本原则；（2）发展目标；（3）主要任务和重点项目；（4）组织实施和保障措施。其中占篇幅最大的是第三部分；每项任务和每个项目后都注明了牵头单位和参与单位。以第一项任务为例，列出的牵头单位是国家民委下属的教科司，参与单位是国家民委下属的政法司、文宣司以及各有关地方民族语文工作部门。为了更好地宣传《"十三五"少数民族语言文字工作规划》，国家民委教科司司长还在国家民委网站上撰文，专门介绍了该规划制定的指导思想、背景、过程和意义等。[2]

---

[1] 详见 https://www.neac.gov.cn/seac/xxgk/201704/1073893.shtml（2019年4月1日读取）。

[2] 详见 https://www.neac.gov.cn/seac/xxgk/201704/1073893.shtml（2019年4月1日读取）。

4.3　研究与交流

体现国家语言治理能力水平的第三个维度"研究与交流"指"政府语言治理机构体系能否组织学者系统研究社会语言生活,搭建国内外研究成果的交流平台"。新中国成立70年来,语言治理能力在这一维度上呈现明显的阶段性特点。

在建设期,文改会面临着汉字简化、汉语拼音方案设计和普通话推广的艰巨任务。这些任务本身就是庞大的科研项目,需要广泛发动群众,凝聚各方智慧,集中力量攻克难关。然而当时人们并未有显性的科研意识。

在发展期拟订"七五"规划时,中国政府开始将语言生活的科学研究提到议事日程上来(陈乃华1986)。经国务院批准,国家教委和国家语委于1986年1月6日至13日在北京召开了全国语言文字工作会议。时任国家语委主任刘导生在做"新时期的语言文字工作"报告时,特别指出要"加强科学研究,开展学术交流"(刘导生1986)。1986年9月在北京召开了"七五"期间语言文字工作规划会议。该会议强调,结合语言文字工作的需要,大力开展基础研究和应用研究是"七五"期间的重要任务之一。在会议期间,国家语委还邀请了部分代表与参会专家学者专门讨论了《"七五"期间语言文字科研项目表(1986—1990)》。这是国家语委作为国家语言治理机构首次把"研究与交流"列为重要任务,"八五"和"九五"规划中都有类似的文字表述。这个阶段对科研工作进行顶层设计才刚刚起步,处于逐步完善的过程中。

繁荣期的语言生活研究与成果交流有了跨越式的发展。组织研究语言生活成了国家语委常态化工作的一部分。在这一阶段国家语委建立了完善的科研领导机构,制定了详细的管理办法、研究规划和措施,设立了科研基地和智库,培养了一批优秀中青年语言文字工作者。同时,国家语委还开展了多种形式的研究成果交流,例如组织出版系列皮书、举办国内外学术会议。这一切都充分彰显了中国国家语言治理能力在研究与交流方面攀上了新高峰。下文将分别阐述"语言生活研究"与"科研成果交流"两个方面。

4.3.1　语言生活研究

国家语委的工作进入繁荣期后,语言生活研究体现了"依规管理、科研支撑、队伍培养"三大特点。

第一,建立了科研领导机构,制定了科研管理章程,公布了多个五年科研规划,设立了21个科研基地,培养了科研队伍,使国家语委的科研工作进入了规范化、制度化、体系化的可持续发展新阶段。2001年8月,教育部、国家语委印发了《国家语言文字工作委员会科研规划领导小组职责与构成》,文件明确了国家语委主任担任组长,语信司和语用司负责人担任副组长,成员为语用所、语文出版社、中科院语言研究所、中科院民族学与人类学研究所负责人,其职责为:(1)领导、规划、部署国家语委的科学研究工作,拟定国家语言文字工作科研方向,编制科研项目指南和科研规划,制定年度科研计划;(2)决定国家语委重大科研项目的立项;(3)对国家语委立项的科研项目进行阶段性检查、评估;(4)制定科研基金管理办法和科研成果奖励办法。同期,教育部、国家语委还印发了《国家语言文字工作委员会科研项目管理办法》,对科研项目的申请、立项、成果鉴定、经费管理与使用、成果的所有权与使用形式都作了详细规定。

第二,向社会公布了与语言文字工作规划配套的"十五""十一五""十二五"和"十三五"科研规划。每个规划主要包括指导思想、发展目标、主要任务、重点工程、保障措施等。

第三,根据语委工作需要,在全国建设了科研基地。2004—2019年,国家语委先后与高校、地方研究机构共建了21个科研基地(国家语言文字工作委员会2018,2019)。每个基地根据国家语委规划,聚焦研究重点,开展课题研究,为国家语委工作提供科研支撑。

第四,有计划、有步骤地培养优秀中青年语言文字工作者。从 2014 年到 2019 年,国家语委一共举办了五期语言文字应用研究优秀中青年学者研修班,每期时长一星期,受训成员共达 300 多名。研修内容涵盖中国语言文字政策法规、语言文字规范标准体系、语言学的新使命、人工智能与语言信息化处理、语言资源保护、民族语文政策、国际中文教育等。2017—2019 年国家语委与国家留学基金管理委员会联合组织了三期"语言文字中青年学者出国研修项目",邀请了英国十多所大学的 26 位授课专家。课程内容涵盖七个板块:语言政策与规划、语言教育与教学法、语言保护与文化多样性、语言服务与传播、语言资源监测与研究、国外教育体制、语言学理论前沿(国家语言文字工作委员会 2019)。这一批批研修班毕业的学员,为中国青黄不接的语言文字工作队伍输送了新鲜血液,补充了有生力量,有些已成了中青年骨干。

国家民委于 2012 年 12 月 12 日公布《国家民委科研项目管理办法》,从 2013 年 1 月 1 日实行,2017 年 4 月又作了进一步修订。[1] 国家民委科研项目分为招标项目、委托项目和后期资助项目等类别。从 2015 年到 2019 年,国家民委也举办了五期全国民族语文应用研究中青年学者研修班,其方式及功能与国家语委研修班很相似。

4.3.2 科研成果交流

在建设期和发展期,人们缺乏交流语言生活研究成果的意识,无计划、无系统。进入繁荣期后,情况大为改观。第一,国家语委组织学者编撰了白、绿、蓝、黄的年度"语言生活皮书"系列,向国内外展示中国对语言生活研究的成果。第二,国家语委组织举办了不同级别和类型的语言文字学术会议,积极推动了中外交流与合作。

在"语言生活皮书"中,绿皮书《中国语言生活状况报告》是国家语委组织的首套皮书,2004 年筹编,2006 年开始出版。该皮书主要报告中

---

[1] 详见 http://www.seac.gov.cn/seac/xxgk/201212/1065216.shtml(2019 年 4 月 1 日读取)。

国每年发生的语言生活重大事件、热点事件及各种调查报告和实态数据。2016年开始出版蓝皮书《中国语言政策研究报告》，主要报告并评述有关中国语言政策及规划方面的学术研究状况，为未来研究提供参考。2016年开始出版黄皮书《世界语言生活状况报告》，主要介绍当年世界各国和国际组织语言生活中的重要事件和热点问题，为中国语言生活决策提供借鉴。2017年开始出版白皮书《中国语言文字事业发展报告》，主要宣传国家语言文字方针政策，以数据为支撑，记录、展示国家语言文字事业的发展成就。这四个系列皮书各有侧重，相互补充，描绘出一幅完整的语言生活画卷。从共时角度，这些皮书可以为政府决策和学者研究提供参考；从历时角度，可以为语言生活的变迁研究提供真实数据，为语言规划学研究提供丰富的史料。

除了定期出版年度"语言生活皮书"系列以外，国家语委配合政府和联合国教科文组织召开了多个国际学术会议，有力提升了中国在国际语言文字工作中的话语权。一种是世界性大会，另一种是两国之间的学术交流。世界性大会有四个：第一个是2014年6月5日至6日在苏州召开的"世界语言大会"，第二个是2017年9月11日至13日举办的首届"中国北京国际语言文化博览会"（以下简称"语博会"），第三个是2018年9月19日至21日在长沙举办的"世界语言资源保护大会"，第四个是2018年10月25日至28日举办的第二届"语博会"。国与国之间的语言政策研讨会已分别在中德、中法、中俄两国之间举办。2012年9月3日在北京召开了首届中法语言政策与规划国际研讨会，2014年9月29日在巴黎召开了第二届，2016年11月1日至2日在北京召开了第三届；2013年12月8日在北京召开了"中德语言文化政策高层论坛"；2015年3月30日至4月6日在中国举办了"中德语言文化研习之旅"；2018年11月15日至16日在俄罗斯圣彼得堡举办了首届中俄语言政策论坛。

4.4 结语

新中国成立70年来，国家语言治理能力的建设和发展稳步前行，取得了举世瞩目的成就，但同经济与政治发展的需求相比，仍有明显的不足之处，亟待改进。我们认为未来可从以下四个方面采取措施，进一步提升治理能力。

4.4.1 彻底解决地县两级机构落实不力问题

就"机构体系构建"而言，中国经历了从无到有、从小到大、从虚到实、从中央到地方逐层完善的过程。建设期仅有国家层面行政机构（即文改会），发展期扩展为双层行政机构（国家级和省级），繁荣期进一步向下延伸，基本形成了四级行政机构（国家级、省级、地级、县级）。这为国家内部语言治理提供了重要的组织保障体系。不足的是，目前地县两级机构仍旧有 21.65% 未得到落实（国家语言文字工作委员会 2018：151）。建议国家语委和国家民委加强沟通协调，采取措施，制定时间表，有计划、有步骤地消除盲点。健全与完善的行政体系能够成为语言文字事业发展强大的组织力和推动力。

4.4.2 增进国家语委和国家民委之间的协同

就"规划制定与实施"而言，建设期无书面规划；发展期的语言文字规划与国民经济规划同步制定；繁荣期的语言文字规划内容愈加丰富，操作性和可评估性逐步增强。就"研究与交流"而言，建设期面临汉字简化、汉语拼音方案设计和普通话推广三大艰巨任务，无暇组织研究和学术交流活动；发展期将语言文字研究工作的组织提上了议事日程，但缺乏系统规划；进入繁荣期后，语言文字科学研究有了较为完善的顶层设计，国家层面行政治理机构的活力和执行力得到充分体现。但"十三五"语言文字工作规划由国家语委和国家民委分头制定，科研项目申报和管理各有一套体系和办法。显然这两家单位的规划和课题设立有明显的重叠与交叉。建议两家机构通过有效沟通，合作制定规划和设立研究课题，分头贯彻执行，以降低行政成本，提高工作效率。

4.4.3　加强国家对涉外语言事务的治理能力

根据国家语言能力新理论框架（文秋芳 2019a），与涉外事务相关的语言能力大致可分为四个方面：国家外语教育、国家通用语国际拓展、国家语言人才资源掌控、国家对外话语表述。总体上来看，中国对涉外语言事务的治理能力还显得较为薄弱。从机构建设来说，中国目前还缺乏统一的行政机构治理涉外语言事务。就外语教育而言，中国不同学段、不同类型的外语教育由教育部不同部门负责。基础教育司负责义务教育和高中阶段的外语教育，职业教育与成人教育司负责中职外语教育，高等教育司负责高校本科院校和高职高专的外语教育，整体上缺少"一条龙"理念。国际中文教育既有国家汉办在全世界推动孔子学院和孔子课堂的建设与运行，又有高教司调动资源建设汉语国际教育专业和硕士、博士学科点。中国如何有效表达对外话语，看上去是语言使用问题，不涉及行政机构的治理，但事实上既是实践问题，又是理论问题，迫切需要国家层面的行政机构组织对其进行系统深入的研究，并将成果转化为有效的国家行为。国家掌控语言人才资源，需要有完善的人才资源动态数据库。这是一个巨大的国家工程，需要充足的行政资源和强大的组织力。目前中国上述四方面有关国家语言战略能力建设的工作还缺乏有力的行政治理体系。建议扩大现有国家语委职能，统一治理涉内涉外与语言相关的事务，把提升国家语言能力的任务落到实处，如此也不需要增设新机构。

4.4.4　积极组织对国家语言治理能力的研究

与美国相比，中国有着明显的制度优势，行政体系完善，规划具有系统性、长期性和延续性，对社会语言生活的研究与交流具有强烈的顶层设计意识与超常的执行能力。但我们在国家语言治理能力研究上还缺少系统的理论建树。建议花气力组织学者从历时和共时两个角度，对中国语言事务治理实践进行梳理和总结，提出具有中国特色的国家语言事务治理理论，在国际学界发声，提高中国的话语权。

总之，国家语言治理能力是提升国家语言能力的前提，具有全局性和统领性的特点。随着中国对国家语言能力提升要求的日益增长，国家语言治理能力的发展必须先行。目前中国治理涉内事务的语言能力已经走在世界前列，但治理涉外事务的语言能力还远远落后于某些发达国家。中国缺少处理涉外事务的语言治理机构体系，又无系统的涉外语言规划。在和平和发展为主流的大背景下，用语言进行对话、谈判是解决世界各种争端的主要途径。因此在巩固和发展国家涉内事务的语言治理能力的同时，我们必须花大气力提升中国涉外事务的语言治理能力，为建设和发展国家语言战略能力提供强有力的行政保障。

第五章
新中国国家语言核心能力建设

在国家语言能力新理论框架中,国家语言核心能力指国家处理涉内事务的语言能力,具有基础性和先导性,处于国家语言能力建设的优先位置(文秋芳 2019a)。本章将逐一考察国家语言核心能力所包含的国家通用语普及、国家通用语规范使用、国家语言智能化与国家和谐语言生活建设四个维度,以展现新中国成立以来在这些方面取得的成就,并对各维度建设过程中存在的问题以及未来发展路径进行深入分析和探讨。

5.1 国家通用语普及[1]

早在新中国成立伊始,国家通用语的普及就已经提上了政府的工作日程。1949 年,中国文字改革协会成立,其任务之一就是研究以北方话为统一汉语的基础问题。如今,推广国家通用语言——普通话已成为新中国的一项基本国策。汉语作为世界上使用人口最多的语言,其标准语的普及对世界语言格局的影响意义重大,在语言规划史上无疑具有重要的参考价值。本节拟根据国家语言能力新理论框架,以政策力、实践力和绩效力为

---

[1] 本节部分内容曾以论文形式发表,参见杨佳:《我国国家通用语普及能力建设 70 年:回顾与展望》,载《云南师范大学学报(哲学社会科学版)》2019 年第 5 期。

评价指标，对 70 年来新中国国家通用语普及能力的建设历程进行回顾与展望。所谓政策力，主要指政府是否对普通话推广制定了比较完善的政策、法规；实践力指政府对普通话推广采取的措施是否具有广度和深度；绩效力则指普通话推广所取得的成效如何。这三个评价指标之间存在着相互促进、相互依存的关系：政策力是通用语规范使用能力发展的前提，实践力是通用语规范使用能力发展的关键，绩效力则是政策力和实践力发展的体现，并为下一阶段规范标准与措施的制定提供依据。

5.1.1 取得的成就

20 世纪以来，取得政治独立的新兴民族国家普遍面临如何实现国家团结、确保独立地位、有效地教育国民等挑战，快速普及国家通用语言成为新兴民族国家提升国家语言能力、推动社会经济发展的重要手段。在新兴民族国家建设的过程中，"有意识地促进语言融合是民族国家发展的一部分"，同时强烈的民族主义意识也促使民族团体内大多数人接受语言融合（苏·赖特 2012：41-42）。中华人民共和国在成立之初，同样也面临着普及国家通用语言这一重要而又艰巨的任务。由于传统共同语"官话"没有明确的语音标准、词汇规范和语法规范，民国政府时期曾因选用人为拟定的"国音"还是北京语音的"京音"作为语音标准而争论不断，导致"国语运动"始终未能得到深入开展（黎锦熙 1934/2011：68-75）。再加上新中国成立以前政局动荡不安、经济发展缓慢，文盲率在中华人民共和国成立之初超过了 80%，国民语文水平亟待提高。在这样的历史背景下，经过中国政府不断努力，普通话推广在政策力、实践力和绩效力三方面实现了跨越式发展，为改变国家落后面貌、提高国民教育水平、促进经济发展起到了重要的推动作用。

5.1.1.1 政策力

70 年来，中国普通话推广政策力主要经历了三次显著的提升。1956 年 2 月，国务院发布《关于推广普通话的指示》，普通话正式作为民族共同语的标准语在全国推广。此后,教育部、中华全国总工会、中央广播事业局等其他中央部门陆续发布相关通知和指示,号召相关工作人员学习普通话。第二次提升以 1982 年 12 月 4 日通过的《中华人民共和国宪法》为标志。该法第十九条明确规定:国家推广全国通用的普通话。推广普通话正式成为法定工作,并先后写入《中华人民共和国民族区域自治法》《中华人民共和国义务教育法》《中华人民共和国教育法》等法律和《扫除文盲工作条例》《幼儿园管理条例》《民族乡行政工作条例》等法规中。第三次提升以 2000 年 10 月 31 日《国家通用语言文字法》的颁布为标志。该法赋予了普通话作为国家通用语言的法定地位,明确规定普通话、规范汉字是国家通用语言文字,在全国范围内通用;国家推广普通话,推行规范汉字。之后,各地陆续出台相应地方性法规和规章,对相关法律条文进行了细化和补充。

从法律法规的绝对数量上看,如今中国已经形成了"以《宪法》和《国家通用语言文字法》为主体、37 个地方性法规规章为支撑,其他相关法规规章配套"的语言文字法律法规体系,各类法律法规数量接近 2200 项,为普通话推广提供了有效的法律保障(国家语言文字工作委员会 2017:5)。从具体内容来看,各类法律法规充分保证了普通话推广政策的延续性、可操作性和公平性,为政策力的不断提升奠定了坚实基础。

首先,法律法规在政策上具有延续性,互不冲突,才能保证其公信力,为政策力的形成提供保障。推广普通话不仅是中国语言文字政策的核心内容,更是一项基本国策。相应地,各类普通话推广法律法规的制定采用了自上而下的机制,保证了这一基本国策的实施。在中央层面,《中华人民共和国宪法》《国家通用语言文字法》等法律对普通话推广的地位和性质作出了明确规定;在地方层面,各级政府及相关部门在制定相关法规规章时,均以上述法律为依据,对其进行细化和补充,保证了语言政策的延续性。中国语言文字法律法规体系中"主体""支撑""配套"三类法律法规的分工合作,鲜明地体现了包括普通话推广在内的各类法律法规的内在协调性和结构严密性,避免了法律法规之间的互相冲突与抵牾。

其次，法律法规具有可操作性，便于实施，相关政策才能落在实处。一方面，中国是一个多方言、多民族语言的国家，社会语言生活具有多样性和复杂性；另一方面，随着社会经济的发展，公共交际行为对国家通用语言的实际需求越来越大。因此，各类法律法规主要针对公共交际行为中的普通话使用，充分考虑了个人语言生活的实际需求。以《国家通用语言文字法》为例，该法调整的主要是社会交际行为，对应当使用普通话或者以普通话为基本用语的必要场合，以及相关工作人员的普通话水平等级标准进行了规定；对个人使用语言文字只作引导，不予干涉。实践证明，这一处理方法便于实施，已成为中国普通话推广的一条重要成功经验（苏培成 2010：656）。

此外，法律法规在规定的设置上具有公平性，才可能被大众拥护，这也是政策力形成和发展的根本。各类普通话推广法律法规以语言平等为基本原则，在具体规定的设置上具有一定的"柔性"，鲜明地体现了其公平性。如《国家通用语言文字法》在明确普通话作为国家通用语言这一重要地位的同时，还指出各民族都有使用和发展自己的语言文字的自由，少数民族语言文字的使用可依据《中华人民共和国宪法》《中华人民共和国民族区域自治法》及其他法律的有关规定；在一些确需使用方言的情形下，国家机关工作人员执行公务用语、播音用语等可以使用方言。地方政府及相关部门在普通话推广具体规定的设置上也体现了这一包容性，即在推广普通话的同时尊重个人在特定情况下使用民族语言和方言的自由，强调构建"和谐语言生活"。

5.1.1.2 实践力

70年来，新中国普通话推广的工作重点和思路经历了不断调整和发展，在不同时期采取了灵活多样的针对性措施来推动工作的深入开展。

新中国成立初期，普通话推广工作的主要任务是提高大众的普通话意识，在全社会营造学习和使用普通话的氛围。1957年，全国普通话推广工作汇报会将推广工作方针正式定为"大力提倡，重点推行，逐步普及"。

在该方针的指导下，这一阶段主要开展了以下三个方面的工作：加快普通话推广基础条件的建设，如设置专门的领导机构、制定拼音方案等；开展普通话师资培训、编制普通话教材，以学校为主要阵地推广普通话；加强舆论引导和宣传，提倡各行各业人员学习普通话。在政府的大力推动下，这一时期成为普通话推广的"黄金时代"。全国掀起了学习普通话的热潮，"从学校到社会，基本上形成了以学习普通话为荣的风气"；各地涌现出了诸如上海、福建的大田、山西的万荣等一大批先进地区（于根元 2009）。

在"文革"期间，普通话推广工作基本陷入停滞。"四人帮"倒台后，普通话推广工作迅速重新进入正轨。为适应改革开放后快速推进的现代化进程，普通话推广工作方针调整为"大力推行、积极普及、逐步提高"，实行目标管理、量化评估，实施普通话水平测试和开展全国推广普通话宣传周活动成为普通话推广的三项基本措施。第一，自 1986 年起，面向学校普及普通话工作的检查评估开始进行；2001 年，教育部和国家语委联合下发《关于开展城市语言文字工作评估的通知》，目标管理、量化评估措施从学校扩大到城市各重点领域；2015 年，国务院教育督导委员会办公室下发《语言文字工作督导评估指标体系框架》，语言文字事业发展水平成为各地政府的绩效管理目标，普通话推广督察长效监管机制由此确立。第二，1994 年 10 月国家语委、国家教委和广播电影电视部联合发布《关于开展普通话水平测试工作的决定》，普通话水平测试工作在全国范围内启动。1994—2017 年这 20 多年间，全国参加普通话水平测试人次总数已达 7,112.66 万，社会重点领域工作人员持普通话等级证书上岗制度已逐步形成（国家语言文字工作委员会 2018：15）。第三，1997 年国务院第 134 次总理办公会议批准自 1998 年起每年举办一届全国推广普通话宣传周。截至 2018 年，全国推广普通话宣传周已连续举办了 21 届，各种推普宣传活动 10 多万场，直接参与人次达数千万，在社会上营造了浓厚的普通话宣传氛围（杜占元 2018：5）。

在普通话得到初步普及的基础上，教育部、国家语委于 2012 年发布《国家中长期语言文字事业改革和发展规划纲要（2012—2020 年）》，首次明确提出"普及推广工作的重点从城市转向农村、边远和民族地区"(李卫红 2013：31)。在此背景下，这一阶段的普通话推广工作进入"攻坚"阶段。除了继续推行三项基本措施外，普通话推广还以农村和少数民族地区为重点，开展了一系列针对性活动：2015 年，教育部、国家语委和国家民委联合在少数民族聚居省份开展"全国双语和谐乡村（社区）示范点"建设工作；2017 年，教育部、国家语委开始实施"国家通用语言文字普及攻坚工程"，2018 年又开展了"推普脱贫攻坚行动"。在政府的推动下，中国各地语言文字部门已累计对 30 多万名农村教师、5 万多名少数民族教师和 20 多万名青壮年农牧民开展了普通话培训，普通话推广工作重心正不断向农村和少数民族地区倾斜（杜占元 2018：5）。

结合不同历史时期采取的相应措施可以看出，普通话推广的实践力一直不断提升，其广度和深度均得到了拓展。

从广度上看，参与普通话推广相关工作的部门数量不断增长，普及措施覆盖人群范围逐步扩大。首先，经过多年发展，包括普通话推广在内的语言文字工作协同推进体制已经形成。在"高站位、全覆盖、广动员、深合作"的大格局定位下，越来越多的政府部门参与到普通话推广工作中。十八大以来，国家语委成员单位由 18 家增至 29 家，全国推广普通话宣传周领导小组成员单位也由原来的 6 家增至 9 家。其次，"积极普及"对象人群不断扩大。新中国成立初期的普通话推广工作主要以学校为重要基地；改革开放后，随着公共交际场合对普通话的需求日益强烈，不仅城市中的党政机关、新闻媒体、公共服务行业等其他重点领域被纳入了"积极普及"的范围，农村和少数民族地区的青壮年农牧民也成了普通话推广的重要对象。

从深度上看，普通话推广工作更强调主动性、平衡性和服务性，反映了工作理念的不断发展和深入。主动性指在普通话推广中加强政府行为，更加强调政府的主导和推动作用。中国语言文字部门实行持普通话等级证书上岗制度、开展城市语言文字工作评估等一系列措施，反映了普通话推广从一般性号召提倡到"积极普及"、加强政府干预和管理这一工作方针的转变。平衡性指在普通话推广工作中兼顾城市和推普基础较弱的农村及少数民族地区，缩小普通话普及率的城乡差距和区域差距。现阶段普通话推广工作重点向农村、边远和民族地区转移，加大农村和少数民族地区青壮年农牧民普通话培训的力度，都清晰地表明中国政府在通用语普及过程中更加重视城乡和地区之间的平衡发展。服务性指将普通话推广与服务民生相结合，强调普通话推广对个人发展的促进作用。在提升国民语文水平的同时，现阶段的普通话推广还以"扶贫先扶智，扶智先通语"为工作导向，更加重视普通话在提升青壮年农牧民基本素质和就业能力等方面发挥的作用。帮助贫困群众熟练掌握国家通用语言，获取更多的就业机会和劳动收益，已成为当前普通话推广工作的另一个重要使命。

5.1.1.3 绩效力

实践证明，中国在不同时期采取的各种措施对当时的普通话普及与国民语文水平的提高起到了巨大的推动作用。以新中国成立初期学校的普通话推广工作为例。自1955年全国文字改革工作会议要求学校大力推广普通话后不到五年时间，有60余万名中小学语文教师接受了普通话语音训练，约占当时全国语文教师的三分之一；编写普通话教材和参考书450余万册，灌制普通话教学留声片138万余张；大多数小学、部分师范和中学语文课开始用普通话教学（吕福源1999）。在中国当时"一穷二白"的经济环境下，能在如此短的时间内取得这些成绩实属不易。我们分别对普通话普及率、普通话水平测试参测人数（以下简称"参测人数"）和语言文字工作达标城市数量等相关数据进行了搜集整理，以更全面地展现70年来普通话推广绩效力的迅速发展。

普通话普及率指能用普通话进行交谈的人口比例，直接反映了普通话推广绩效力的发展水平。2000年启动的全国语言文字使用情况调查表明，在全国（港澳台地区除外）近60万名调查对象中，能使用普通话与人交谈的比例为53.06%（中国语言文字使用情况调查领导小组办公室2006）。十年后，语言文字部门又对河北、江苏、广西三省（自治区）的普通话普及情况进行了调查。统计结果显示,三省(自治区)能用普通话交谈的人口比例分别为73.30%、70.67%、80.75%,较2000年全国语言文字使用情况调查的三省(自治区)数据分别增长20.72%、15.14%、30.36%,平均普通话普及率达到了74.91%(普通话普及情况调查项目组2011)。十年间三省(自治区)普通话普及率的提高,从一个侧面反映了普通话推广工作所取得的巨大成效。现阶段最新数据表明,中国普通话普及率已从2000年的53%提高到2015年的73%左右,2020年则达到了80.72%。[1]

普通话水平测试参测人数的变化,反映了普通话在社会各领域受重视程度,是衡量绩效力的一个重要指标。自1994年启动普通话水平测试以来,参测人数呈稳步增长趋势。2004年,全国(港澳台地区除外)接受普通话水平测试人员累计超过1000万人次;2007年累计超过2000万人次;2009年增长至3000万人次;2011年累计突破4000万人次;2013年为4900余万人次;2015年达到5900余万人次;2017年超过7000万人次。[2] 从以上数据可以看出,从1994年到2004年,参测人数突破1000万用了十年多时间;从2005年到2007年参测人数累计突破2000万,一共用了三年时间;从2007年起,参测人数增长速度进一步加快,基本上每两年增长1000万人次。普通话水平测试参测人数的逐年增长,直接推动了普通话普及率的提高。

在语言文字工作督察工作中,普通话推广一直是主要评估内容之一,因此达标城市数量也是衡量绩效力的一个指标。从城市语言文字工作评估来看,截至2018年,36个一类城市(省级和副省级城市)全部完成评估,完成率为100%;391个二类城市(地市级城市)完成评估,完成率超过90%;1701个三类城市(县级城市)完成评估,完成率接近70%(国家语言文字工作委员会2019:109)。为推动县域普通话普及验收达标,

---

1 详见http://www.moe.gov.cn/jyb_xwfb/xw_fbh/moe_2069/xwfbh_2017n/xwfb_2017090802/mtbd_2017090802/201709/t20170911_314098.html(2019年4月12日读取);http://www.moe.gov.cn/jyb_xwfb/s5147/202009/t20200914_487835.html(2020年9月20日读取)。

2 以上数据根据中华人民共和国教育部官网相关网页及商务印书馆出版的2005—2020年《中国语言生活状况报告》统计得出。

教育部、国家语委于2017年下发了《关于开展普通话基本普及县域验收工作的通知》，全国县域普通话普及验收工作全面启动。截止到2018年5月，27个省（自治区、直辖市）的2193个县域已完成普通话普及状况的田野调查，从而为县域普通话普及工作的进一步开展打下了良好基础。[1]

5.1.2　面临的挑战

在充分肯定普通话推广取得成就的同时，我们还应当注意到普通话推广工作具有长期性和复杂性的一面。周有光曾将东南亚国家建立国家共同语（国家通用语言）的要求分为三种：第一种是没有主体语言，需要选定共同语；第二种是有主体语言，需要规范化；第三种是有传统共同语，需要现代化（周有光2004：103-105）。其中，中国、韩国、日本就属于第三种类型。从这三个国家的国家通用语言普及历程来看，韩国、日本的国家通用语言普及程度高、速度快，如日本仅用了20年时间就普及了以东京话为标准语的国语。与这些国家相比，中国普通话推广仍有一定差距。造成这一现象的根本原因是中国是一个多方言、多民族语言的国家，尤其是汉语方言变体众多，普通话推广难度较大。相比之下，日本和韩国都是民族单一的国家，而且日语和韩语的方言变体一致性高，"日语比汉语一个大方言还要单纯"（周有光2004：105），韩语"大部分地区的方言与标准语只存在个别用语和语调上的差距"（穆彪2018），因此在国家通用语言的普及上更为迅速。中国复杂的语言国情决定了普通话推广的长期性和复杂性，这也是70年来中国在普通话推广过程中加强政府行为、采取"积极普及"工作方针的重要原因之一。从政策力、实践力和绩效力来看，未来普通话推广工作仍面临诸多挑战。

在政策力方面，相关条例法规的约束力较弱，与普通话推广在国家语言能力建设过程中的重要地位不相匹配。相比其他国家，中国现有语言文字法律法规刚性不足，一直缺乏专门的行政法规，因此也被形象地比喻为

---

[1] 详见 http://www.moe.gov.cn/jyb_xwfb/xw_fbh/moe_2069/xwfbh_2018n/xwfb_20180529/mtbd/201805/t20180530_337727.html（2019年4月12日读取）。

"没有牙齿的老虎"。有学者指出，现阶段亟须对包括普通话推广在内的语言文字工作从整体上、全局上进行法制化布局，完善语言文字法律法规体系（李俊宏、杨解军 2015）。此外，各类语言文字条例法规属于软法式规范，以引导性为主，还需建立相应的惩戒、激励等配套机制。如现行的《国家通用语言文字法》"对于怎么落实没有规定保障条件"，一些语言文字地方性法规同样对怎样进行监督和激励只字不提，"其效率或效益宛然是纸上谈兵"（易花萍 2014）。

在实践力方面，普通话推广在社会中的受重视程度仍然不够，推广力度有待加强。学校是普通话推广最重要的阵地，但是"在重视程度上和工作效果上，乡村不如城市，中学不如小学，高校不如中学的现象仍属普遍"，"不但在乡村，而且在城市，用方言讲课仍是常见现象"（袁钟瑞 2013）。一些地区的学校普通话推广不够深入，尤其在农村教师和少数民族教师的普通话培训上还需加大力度。如 2016—2017 年全国教师普通话培训数据表明，部分省份培训的农村教师数量年均超过一万人次，有些省份则仅有数百人，少数民族教师培训情况也存在同样问题（国家语言文字工作委员会 2017，2018）。除学校外，其他领域工作人员的普通话意识仍有待提升。如 2014 年《关于广播电视节目和广告中规范使用国家通用语言文字的通知》要求主持人在节目中不得说方言，2015 年江苏省出台《江苏省县域国家通用语言文字普及情况监测指标体系》对公务员使用普通话情况进行打分考核，均在社会上引发了热烈讨论。[1] 之所以引起热议，一方面是因为相关语言文字条例法规宣传不到位，另一方面也反映了部分工作人员"方言观念"仍然较强，对普通话作为国家通用语言的法律地位认识还不够充分。

在绩效力方面，普通话普及率与一些国家相比尚存在一定距离。如前文所述，韩国、日本都在较短时间内全面普及了国家通用语言。此外，一些民族构成情况非常复杂的国家在国家通用语言普及方面也做得非常

---

[1] 详见 http://media.people.com.cn/n/2014/1130/c14677-26119849.html；http://jiangsu.china.com.cn/html/yq/jsyq/2522045_3.html（2019 年 4 月 15 日读取）。

成功。如美国虽然是一个典型的移民国家，但英语的普及率非常高，其中5岁以上会说英语的人口比例在2011年已达到93%（文秋芳、张天伟2018：68-75）。南美洲的巴西也是一个文化差异明显的多种族融合国家，除了一小部分印第安人和移民外，其官方语言葡萄牙语的普及率已接近100%（刘畅、战菊 2009：344）。现阶段中国的普通话普及率刚达到80%左右，相比之下差距仍然十分明显。此外，中国东部大城市及一些经济发达地区的普通话普及率已经超过90%，而西部农村地区，尤其是边远贫困和民族地区的普及率尚不足50%，有的地区则更低，普通话推广发展不平衡问题日益突出。[1]

5.1.3 对策与思考

现阶段普通话推广面临的以上挑战，已经引起了中国语言文字主管部门的重视，相关政策性文件中已提出系统性的解决方案。以教育部、国家语委2016年制定的《国家语言文字事业"十三五"发展规划》为例（以下简称《规划》）：在政策力方面，《规划》提出国家将加强语言文字法制建设，如研究修订《国家通用语言文字法》，研究制定《〈国家通用语言文字法〉实施办法》等配套规章，进一步完善地方语言文字法规和规章等；在实践力方面，《规划》提出将坚持把学校作为国家通用语言文字推行普及的主阵地和主渠道，同时大力提升农村地区普通话水平，加快少数民族地区国家通用语言文字普及；在绩效力方面，《规划》将普通话推广目标定位为（到2020年）"全国范围内普通话基本普及，语言障碍基本消除"。

我们认为，未来普通话推广在落实以上国家语言文字主管部门制定的相关政策的同时，还应依据差异性、市场性和融合性原则制定相应措施，这样才能更好地应对当前普通话推广面临的挑战。

差异性原则指语言文字主管部门根据不同地区之间的经济发展情况，有区别地统筹指导相关工作的开展。总的来说，现阶段城市普通话普及率

---

[1] 详见 http://www.moe.gov.cn/s78/A19/moe_814/201710/t20171019_316861.html （2019年4月15日读取）。

高于农村，东部地区高于西部地区，主要是因为经济发达的东部地区有充足的资金、人力落实普通话推广各项措施，而且这些地区频繁的经济交流也使人们对国家通用语言的需求更为强烈，在普通话的学习上更为主动。相反，农村和边远地区由于环境相对闭塞，且资金、人力等资源配套不足，普通话推广面临较大困难。因此，语言文字主管部门对发达地区和城市的普通话推广应主要以"刚性"措施为主。如在督导评估工作中明确地方政府及相关部门职责，建立激励与问责机制；借助普通话资本价值的提升"因势利导"，对各重点领域工作人员严格执行持普通话等级证书上岗制度。对于经济较为落后的农村和边远地区，语言文字主管部门则应加大资金和人才支持力度，帮助当地政府开展普通话推广相关工作。如为当地教师及青壮年农牧民创造学习机会，提供免费的普通话培训、学习资料等；统筹各方资源，联合其他部门和社会组织帮扶互助。

市场性原则指在普通话推广具体措施的制定和执行上强调"市场"意识，充分考虑大众的意愿和需求。国外学者曾经提出，应将语言规划作为"产品"来设计，因为语言规划的成功更取决于接受者，而非制定者（赵守辉 2008）。我们认为，未来普通话推广在继续坚持"政府主导"的同时，还应巩固并进一步提高"社会参与"的程度。政府部门在制定相关推广措施时，应该有"产品"的观念，即从市场化的角度提升推广措施的针对性和可行性，注重提高普通话推广影响力和效果。例如：在设计阶段，应该考虑推广措施针对的是哪些人群，他们是否具备相应的学习条件和能力，并提供相应的帮助和支持；在执行期间，应该随时了解推广过程中遇到的各种问题，及时对相关措施进行调整；执行完毕后，还应对推广措施的效果进行专门的调查和分析，在充分评估的基础上决定未来是否继续执行。总之，普通话推广具体措施的制定和执行应该有"市场"意识，尽可能契合大众需求，以实现效率和影响的最大化。

融合性原则指在推广活动内容的设定上不应仅局限于语言文字，还应与社会大众的生活、工作有机结合在一起，提高大众在普通话推广中的参与性。近年来，"汉语盘点""中华经典诵读"等语言文字活动之所以能引起社会各界的广泛好评,最重要的一个原因就是这些活动巧妙地融合了当下大众感兴趣的生活内容,活动的趣味性和参与性得到了极大提升。"汉语盘点"通过年度字词的评选与当年的经济、政治等热点问题联系起来,反映了每个人在社会生活中的切身感受;"中华经典诵读"活动抓住了语言文字与传统诗词文化的内在联系,正好与当前"国学"越来越受重视的时代背景相契合。因此,在普通话推广过程中,我们也应该具备开放的观念,以多元化内容为载体,实现普通话推广形式的创新。例如:在教师普通话培训方面,如条件允许,应多开设与普通话相关的教师口语艺术、国学诵读等综合性课程,做到普通话培训与教师教学技能、文化素养的培养相结合;如面向在校学生,则可以多开展朗诵大会、辩论赛等形式极具开放性的活动,将普通话推广与学生所学知识相融合;在各行各业可开展与文明礼貌用语相关的行业技能培训与大赛,做到普通话推广与行业工作内容相融合。

5.1.4 小结

在新中国,普通话推广不单是教育和行政语言的选择问题,还承担了改变落后面貌、提高国民教育水平、促进国家发展的重任。国家通用语普及是国家语言核心能力的根本,是国家语言核心能力其他维度发展的前提。没有国家通用语的普及,国家通用语的规范就失去了意义,国家语言智能化和国家和谐语言生活建设也无从谈起。同时,国家通用语的普及在提高国民教育水平、促进国家建设和发展的过程中也发挥着重要作用,是国家发展战略中的重要一环。

70 年来,普通话推广取得了巨大成就,政策力、实践力和绩效力得到了极大提升。政策力为普通话推广提供了制度保障,使各项工作有章可循;实践力确保了相关政策的落实与执行,直接推动了各个阶段普及目标的实现;绩效力反映了政策力和实践力的发展水平,也为普通话推广下一阶段政策及措施的制定提供了依据。在充分肯定普通话推广取得成就的同时,我们还应注意到普通话推广仍存在约束力不强、受重视程度不够等问题。未来还需在落实国家制定的相关政策的同时，以差异性、市场性和融合性为原则制定相应措施，通过政策力、实践力的不断发展，进一步提高普通话普及率，解决城乡、地区之间普通话推广发展不平衡问题。

5.2 国家通用语规范使用

国家通用语的规范使用直接关系到大众语言生活，是国家语言核心能力的重要组成部分。在国家语言能力新理论框架中，国家通用语规范使用主要指政府对国家通用语的使用是否采取了系列规范措施（文秋芳2019a）。在这一节我们仍以政策力、实践力和绩效力为评价指标，系统回顾新中国在通用语规范化领域开展的相关工作，考察现阶段通用语规范使用能力的发展现状及其存在的问题。对于通用语规范使用能力建设来说，政策力主要指政府对通用语规范化是否制定了比较完善的政策及相应的规范标准，实践力指政府对通用语规范化是否提出了具体的落实措施，绩效力则指相关措施是否取得了预期效果。

5.2.1 政策力

没有政策的保障和规范标准的约束，通用语规范使用能力建设也就无从谈起。新中国成立以来，政府依据相关法律法规，制定了完备的通用语规范标准体系，使社会大众在使用通用语时"有章可循，有规可依"。[1] 新中国的语言文字工作可分为建设期（1949—1977年）、发展期（1978—1999年）和繁荣期（2000年至今）三个阶段（文秋芳2019b）。下文将以这三个阶段为划分点，简要介绍新中国通用语规范使用能力建设在政策力方面取得的发展与进步。

---

1 本小节涉及语言文字规范标准较多，如无特别说明，均源自教育部官方网站，在此不再一一列举。

5.2.1.1 建设期

1956 年，国务院发出《关于推广普通话的指示》，指出"汉语统一的基础已经存在了，这就是以北京语音为标准音、以北方话为基础方言、以典范的现代白话文著作为语法规范的普通话"。根据这一指示，普通话规范化工作在全国范围内迅速展开。在语音规范方面，1963 年《普通话异读词三次审音总表初稿》正式发布[1]；在词汇规范方面，1956 年中国科学院语言研究所组织成立词典编辑室，主要负责《现代汉语词典》的编纂工作；在语法规范方面，1951 年《人民日报》连载的《语法修辞讲话》以及 1956 年现代汉语语法问题座谈会上通过的《暂拟汉语语法教学系统》，为现代汉语语法体系的建立奠定了基础。

与此同时，汉字的规范化也取得了重要进展。1956 年国务院公布了《汉字简化方案》。1964 年依据此方案修订的《简化字总表》、1955 年的《第一批异体字整理表》及 1962 年的《印刷通用汉字字形表》，共同确定了现代汉字的标准字形（陈章太 2015: 229-230）。1958 年公布的《更改一部分生僻地名字的建议》对地名生僻字的更改提出了具体标准和原则。1964 年汉字查字法整理工作组向国务院提交了《拼音字母查字法（草案）》《部首查字法（草案）》《四角号码查字法（草案）》《笔形查字法（草案）》，1965 年获国务院批准推行。

建设期的另一个亮点是 1958 年《汉语拼音方案》获得通过。[2] 之后《汉语拼音通报用字（草案）》(1958 年)、《中国人名汉语拼音字母拼写法》(1974 年)、《中国地名汉语拼音字母拼写法》(1974 年)、《少数民族语地名汉语拼音字母音译转写法》(1976 年) 相继发布，汉语拼音的使用范围得到了拓展。此外，书面语的形式改革也开始启动。1951 年新中国第一个标点符号方案《标点符号用法》颁布，1955 年全国文字改革工作会议

---

1 普通话异读词审音也可视为汉字的语音规范化工作之一。为行文方便，我们将其纳入普通话规范化中的一类，以与普通话词汇、语法的规范化相对应。

2 汉语拼音是汉字的拼写工具，但鉴于汉语拼音在我国文字改革史上的重要地位，我们将其单独列为一类。

发布的决议文件正式提倡在全国推广汉字横排横写。

5.2.1.2 发展期

1982年的《中华人民共和国宪法》明确规定国家推广全国通用的普通话，之后该规定写入了《中华人民共和国民族区域自治法》《中华人民共和国义务教育法》等法律法规中；规范使用汉字和拼音的要求则散见于各部门发布的政策性文件中，如《关于商标用字规范化若干问题的通知》(1987)、《关于在各种体育活动中正确使用汉字和汉语拼音的规定》(1992)等。在相关政策的保障下，通用语规范化工作继续稳步推进。通用语本身规范标准的科学性和约束力得到提升，专用领域中通用语规范化工作也逐步开展，满足了不同领域的通用语规范使用需求。

（1）通用语本身的规范化

发展期通用语本身的规范化建设沿着两方面进行：一方面对部分规范标准进行了修订，提升了规范标准的科学性；另一方面许多规范标准以国家标准形式发布，约束力明显增强。

在普通话规范化方面，1978年《现代汉语词典》正式出版，这是中国第一部以推广普通话、促进汉语规范化为宗旨的词典；普通话审音委员会也于1985年发布了修订后的《普通话异读词审音表》。

汉字定形、定量、定序工作全面展开。在定形方面，1977年制定的《第二次汉字简化方案（草案）》于1986年停止使用，同年《简化字总表》重新发布，简化字继续推行；计量单位、地名标牌、印刷字体中的汉字使用管理得到加强，主要规范标准有1977年的《部分计量单位名称统一用字表》，1999年的《地名标牌 城乡》（国家标准）、《印刷魏体字形规范》、《印刷隶体字形规范》。在定量方面，1988年颁布的《现代汉语常用字表》和《现代汉语通用字表》确定了汉语的常用汉字量与基本用字量。在定序方面，1983年的《汉字统一部首表（草案）》和1997年的《现代汉语通用字笔顺规范》进一步完善了汉字排序检索方法。

这一时期汉语拼音的使用范围也得以继续拓展。1978年发布了《关于改用汉语拼音方案作为我国人名地名罗马字母拼写法的统一规范的报告》；1991年和1992年先后发布了修订版的国家标准《中国各民族名称的罗马字母拼写法和代码》《中文书刊名称汉语拼音拼写法》；1988年发布的《汉语拼音正词法基本规则》于1996年被提升为国家标准。

在书面语形式改革方面，1981年国务院办公厅颁布《国家行政机关公文处理暂行办法》，明确规定公文一律从左至右横写横排；1987年发布的《关于出版物上数字用法的试行规定》于1995年正式成为国家标准；1990年公布的《标点符号用法》修订版在1995年经再次修订后以国家标准形式发布。

（2）专用领域的通用语规范化

专用领域的通用语规范化涉及国民语文教育、国际中文教育等领域，其体系在发展期得到了完善，不仅极大丰富了通用语规范标准体系，同时也提升了通用语的国际影响力。[1]

在国民语文教育领域，1988年制定的《现代汉语常用字表》为学校基础阶段的汉字教学提供了重要依据；1991年国家语委等部门联合颁布的《普通话水平测试等级标准（试行）》直接推动了社会语文教育的发展（李宇明2001）。

在国际中文教育领域，《汉语水平等级标准和等级大纲（试行）》（1988年）、《汉语水平考试（HSK）大纲（初、中等）》（1989年）等一系列规范标准相继公布，填补了该领域通用语规范标准的空白。

在外文应用领域，1977年公布的《联合国第三届地名标准化会议关于中国地名拼法的决议》、1979年的《联合国秘书处关于采用"汉语拼音"的通知》及1982年的《文献工作——中文罗马字母拼写法》标志着汉语拼音成为转写汉语人名、地名的国际标准。外语地名汉字译写也有了统一规范。1999年国家质量技术监督局发布英语、法语等六种语言的《外语地名汉字译写导则》，结束了外语地名译写中存在的混乱现象。

---

[1] 按照国家语言能力新理论框架，我们将语言文字信息处理标准的制定纳入国家语言文字智能化建设的讨论范围（详见本章5.3节）。

科技术语标准化成为发展期通用语规范化的另一项重要工作。1985年全国科学技术名词审定委员会（以下简称"全国科技名词委"）成立后，截至 2000 年共组建审定分委员会 53 个，公布了 50 多类学科的规范名词。

5.2.1.3 繁荣期

2000 年颁布的《国家通用语言文字法》明确提出要在社会重点领域规范使用普通话和汉字，之后各地陆续出台地方性法规和规章，对相关规定进行了细化和补充。如今，中国已形成"以《宪法》和《国家通用语言文字法》为主体、37 个地方性法规规章为支撑，其他相关法规规章配套"的语言文字法律法规体系，各类法律法规数量接近 2200 项，为通用语的规范化提供了坚实的法律保障（国家语言文字工作委员会2017：5）。在此背景下，繁荣期的通用语规范标准体系也日趋完善：通用语本身的规范化继续推进，各项规范标准得到进一步整合与修订；专用领域的通用语规范化范围逐步扩展，体系更加系统和全面。

繁荣期通用语本身的规范化建设主要成果如表 5.1 所示：[1]

表 5.1　繁荣期通用语本身的规范化建设主要成果

类别	事项
普通话语音	2016 年国家语委审委会审定通过《普通话异读词审音表（修订）》
普通话词汇	2001 年教育部、国家语委发布《第一批异形词整理表》
	2008 年国家语委发布《现代汉语常用词表（草案）》；2017 年完成《现代汉语常用词表（修订）》研制工作

（续下表）

---

[1] 限于篇幅，本书仅列举了 2020 年以前发布的部分主要语言文字规范标准，以此为例说明繁荣期通用语规范建设所取得的成就。

（接上表）

类别	事项
汉字	2009年教育部、国家语委发布《汉字部首表》《现代常用独体字规范》《现代常用字部件及部件名称规范》
	2013年国务院公布《通用规范汉字表》
	2018年国家语委组织完成《通用规范汉字笔顺规范》研制工作
汉语拼音	2011年国家质检总局、国家标准委发布《中国人名汉语拼音字母拼写规则》；2012年发布《汉语拼音正词法基本规则》
	2015年国家语委发布《汉语拼音词汇（专名部分）》
书面语形式	2011年国家质检总局、国家标准委发布《出版物上数字用法》和《标点符号用法》
	2014年国家语委公布《夹用英文的中文文本的标点符号用法》

从表5.1可以看出，对各项规范标准进行整合与修订成为繁荣期规范化建设的主要内容之一，规范标准体系的科学性得到进一步提升。如《现代汉语常用词表》发布后不到十年，国家语委就对其进行了修订，及时调整了常用词范围；《通用规范汉字表》是新中国成立以来汉字规范标准的集大成者，该表的研制立足于现代语言生活，真实反映了当前的汉字使用情况（费锦昌2013）。

繁荣期专用领域的通用语规范化建设主要成果详见表5.2：

第五章　新中国国家语言核心能力建设

表 5.2　繁荣期专用领域的通用语规范化建设主要成果

领域	事项
国民语文教育	2000 年教育部、国家语委发布《一类城市语言文字工作评估指导标准（试行）》
	2001 年起教育部民族教育司陆续发布一到四级《中国少数民族汉语水平等级考试大纲》
	2003 年教育部、国家语委发布《普通话水平测试大纲》
	2006 年教育部、国家语委发布《汉字应用水平等级及测试大纲》；2016 年发布修订版
	2010 年教育部、国家语委发布《汉语口语水平等级标准及测试大纲》
	2014 年国家语委发布《旅游行业普通话水平等级标准及测试大纲（草案）》和《普通话朗诵水平等级标准及测试大纲（草案）》
	2014 年教育部、国家语委发布《普通话演讲水平等级标准及测试大纲（草案）》
	2019 年国家语委出版《义务教育常用词表（草案）》
国际中文教育	2009 年国家汉办/孔子学院总部公布一到六级《新汉语水平考试大纲》，该版大纲经修订后形成《HSK 考试大纲》一到六级，2015 年由孔子学院总部/国家汉办发布
外文应用	2003 年国家质检总局发布《外语地名汉字译写导则 葡萄牙语》，2008 年发布《外语地名汉字译写导则 蒙古语》
	2009 年国家语委出版《日本汉字的汉语读音规范（草案）》
	2013 年起外语中文译写规范部际联席会议专家委员会陆续发布《推荐使用外语词中文译名表》
	2019 年民政部公布《第一批冥卫一地名标准汉字译名表》
科技术语标准化	2018 年全国科技名词委审定公布 10 种 33,308 条规范科技名词

如表 5.2 所示，繁荣期专用领域的通用语规范化主要围绕两方面展开：一是延续之前的规范化工作，如细化各类普通话水平测试标准、制定地名汉字译写导则、公布规范术语等；二是填补专用领域通用语规范标

准的空白,如建立通用语工作评估标准、少数民族通用语水平测试标准、汉字水平测试标准,统一规范外语词中文译名等。

5.2.2 实践力

为推行通用语各项规范标准,新中国建立了系统的通用语规范化机制,在水平测试、工作督察、宣传推广等方面采取了一系列有力措施,实践力得到了明显提升。

首先,通用语水平测试体系得以全面建立。除传统的学校语文教育测试外,中国政府在社会语文教育和少数民族汉语教育两个领域都开展了通用语水平测试,根据测试内容还开发了普通话测试和汉字应用水平测试。在建设期,学校是通用语教育的主要阵地,学生对通用语知识和技能的掌握成为学校语文教育测试的重要内容。进入发展期后,1994年国家语委、国家教委等部门联合颁布了《关于开展普通话水平测试工作的决定》,决定从1995年起推行普通话水平测试,并逐步实行持普通话等级证书上岗制度。普通话水平测试的开展,填补了面向社会人群的通用语水平测试的空白,促进了社会语文教育的发展。在繁荣期,2002年教育部发布了《关于在有关省区试行中国少数民族汉语水平等级考试的通知》,决定自2003年起开始推行中国少数民族汉语水平等级考试(简称"民族汉考"),考试对象为母语非汉语的中国各少数民族汉语学习者。之后,2007年教育部、国家语委开始推行汉字应用水平测试,与普通话水平测试正好形成了互补。至此,中国通用语水平测试体系全面建立,通用语规范使用能力建设进一步加速。

其次,通用语规范化督察制度正逐渐完善。在建设期,通用语规范化督察的重点对象主要是各级各类学校,由各省教育厅和市教育局负责检查通用语教学情况,学校同时组织自纠自查。在发展期,国家语委加强了对学校和社会重点领域通用语规范化工作的检查。国家语委自1986年起发布了一系列针对各类学校普及普通话工作的评估指导标准,分别于1988年和 1990 年召开了两次社会用字管理现场会，并于 1992 年组织调查团对北京等十个城市的社会用字进行了检查（苏培成 2010：541-542）。在繁荣期，通用语规范化督察范围进一步扩大。2001 年，城市语言文字工作评估正式开展，督察范围从学校扩大到了城市；2015 年，国务院教育督导委员会办公室下发了《语言文字工作督导评估暂行办法》，督察工作的覆盖面从地方政府、各级各类学校拓展到全社会，督察内容涵盖通用语教学、培训、宣传等各个方面（姚喜双 2016：10）。此外，督察工作的激励与问责机制也开始形成。如《语言文字工作督导评估暂行办法》设定了相关条例，规定对工作成效突出的政府及部门进行奖励，对职责落实严重不到位的则给予通报批评。

此外，通用语规范化建设工作的宣传机制已渐趋成熟。在建设期，通用语规范化建设的宣传工作主要由中央政府及相关部门采取自上而下的方式推动。如 1958 年中国人民政治协商会议全国委员会曾派出六个宣传组，赴北京、上海等 15 个城市宣传《汉语拼音方案》。在发展期，政府部门主要通过开展工作汇报会、经验交流会、普通话广播大赛等活动提高大众对通用语规范化的重视程度，宣传工作的影响范围仍相对有限。直到 1997 年，国务院第 134 次总理办公会议批准于每年 9 月第三周举办推普周，才标志着通用语规范化建设的宣传工作开始走向常态化，其影响范围迅速扩大。进入繁荣期后，通用语规范化建设的宣传工作逐步成熟，现已形成了以推普周为主体，树立典型与开展群众活动为辅的宣传机制。除了推普周外，近年来政府部门还相继开展了语言文字规范化示范校、全国双语和谐乡村（社区）示范点、规范汉字书写教育特色学校等典型评选活动，并创建了"中华经典诵读""中国汉字听写大会""中国成语大会""中国诗词大会"等形式多样的宣传活动，进一步提高了大众的参与性。

5.2.3 绩效力

在各项措施的推动下，新中国通用语规范化建设绩效力取得了显著成效，主要表现在以下三个方面：中国总人口文盲率明显下降，通用语各类测试参测人数逐年增长，语言文字工作完成评估城市数量不断增加。

首先，随着通用语规范化的推进，中国总人口文盲率明显下降。据统计，从1949年到1965年，全国共扫除文盲1亿多人。在发展期，我国总人口文盲率从新中国成立初期的80%以上进一步降到了20世纪末的14.5%，青壮年文盲率降到了5.5%以下；各级各类学校共向社会输送了约6000万名高、中等专业人才和近4亿具有初、高中文化水平的劳动者，此外还有正在学校学习的2亿多学生，"都接受了或正在接受汉语拼音、普通话和规范字的训练"（吕福源1999）。进入繁荣期以后，中国总人口文盲率进一步下降到5%；超过70%的人口掌握了普通话使用能力，约70%的人口掌握了汉语拼音，95%以上的识字人口使用规范汉字，"超过13亿人口的基本权利得到了切实保障"（杜占元2019：11）。

其次，通用语各类测试参测人数逐年增长，反映了大众对规范使用语言文字越来越重视。在上一节我们曾介绍过，普通话水平测试参测人数自2007年起增长速度明显加快，基本上每两年增长1000万人次。这不仅有助于普通话的推广，同时也极大推动了整个社会通用语规范水平的提升。除此之外，与通用语规范化建设密切相关的汉字应用水平测试和民族汉考近年来也迎来了快速发展，参测人数呈现出逐年稳步增长的良好态势。如今，汉字应用水平测试参测人数已累计超过26万人次，其中2016年参测人数为1.46万人次，2017年约为2.04万人次，2019年直接上升至3.02万人次，增幅近50%；民族汉考参测人数同样也保持了快速增长，参测人数累计突破242万人次，其中2016年参测人数约为33.83万人次，2017年为39.73余万人次，2018年达到46.20余万人次，连续三年保持两位数增长（国家语言文字工作委员会2017，2018，2019）。

此外，通用语规范化水平与普通话普及程度都是中国政府开展城市语言文字工作评估的重点内容，因此通过评估的城市数量也是衡量通用语规范化建设绩效力的重要指标之一。关于城市语言文字工作评估的具体进展，上一节已有详细介绍，在此不再赘述。不过值得一提的是，随着语言文字工作督察重心不断"下沉"，地（市）及以下级别政府的通用语规范化建设也开始受到重视，这将有助于进一步提升绩效力，全面提高中小城市通用语规范化水平。截至2018年，全国已有27个县级政府通过了国家级语言文字工作督导评估；15个省（自治区、直辖市）依据《语言文字工作督导评估暂行办法》自行组织开展了督导评估工作；全年共有141个地（市）、县（区）接受了地方评估。[1]

5.2.4 未来发展路径

从70年来通用语规范化建设政策力、实践力、绩效力的发展历程可以看出，中国通用语规范化水平得到了显著提升。如今，随着中国社会经济的高速发展，通用语规范化建设仍需进一步提速，以更好地服务于不同地区日益频繁的人际交往需求。结合政府部门近年来采取的各种举措，我们认为未来通用语规范化建设还需以专业化、大众化、平衡化为发展导向，为新时期迎接各类挑战、抓住发展机遇做好准备。

专业化指通过联合高校、科研院所组建专业机构，培养语言文字科研人才，以确保通用语规范化工作的科学性。1977年发表的《第二次汉字简化方案（草案）》中有些字的简化不科学不合理，就是因为受到当时极左政治思潮的影响，试用要求过急，在上报前"征求语言文字方面专家及各方面人士的意见做得不够"（傅永和1982）。为加强与学界的合作，教育部和国家语委于2000年成立了国家语委咨询委员会，2001年设立了国家语委语言文字规范（标准）审定委员会，并先后组建了21家科研机构；举办了五期语言文字应用研究优秀中青年学者研修班，与国家留学基金委组织了三期"语言文字中青年学者出国研修项目"，创建了语言文字应用研究中青年学者协同创新联盟。这些举措有力地提升了规范化工作的科学

---

[1] 详见 http://www.moe.gov.cn/fbh/live/2019/50690/sfcl/201905/t20190531_383796.html（2019年6月25日读取）。

性。但我们也要看到，语言文字工作永远不可能尽善尽美。以汉字简化为例，虽然该项工作自新中国成立之初就开始推行，但2013年《通用规范汉字表》发布后，针对《简化字总表》的存废及相关原则的保留等问题仍在学界引发了一场讨论（苏培成2014；袁建民2014）。可见，继续加强专业机构、智库的建设，培养语言文字科研人才，仍将是未来通用语规范使用能力建设的一个重要发展方向。

大众化指通用语规范使用工作应面向广大基层群众，树立群众理念，增强服务意识。近年来，中国政府制定了各类通用语规范标准，塑造了"中国汉字听写大会""中国诗词大会"等语言文化品牌，提高了广大群众的参与性。结合现阶段发展情况来看，通用语规范使用工作的大众化程度仍有提升空间。如2018年沪教版《语文》课本依据第6版《现代汉语规范词典》将"外婆"一词换成了"姥姥"，最后在反对声中又将"姥姥"改回了"外婆"。这一事例说明通用语规范标准的制定应聚焦群众的实际语言生活，充分考虑不同领域规范标准的差异性与灵活性。另一方面，政府部门也应加强语言文字工作的舆情引导意识，不仅要在规范标准的制定过程中广泛听取意见，在规范标准颁布后也要重视相关宣传和解释工作，以最大限度地获得社会大众的认可。2012年百余名学者联名举报第6版《现代汉语词典》收录字母词违反国家语言文字法规，2016年发布的《〈普通话异读词审音表（修订稿）〉征求意见稿》中部分字词读音的更改引发社会舆论高度关注，均反映了现阶段语言文字部门完善舆情应对机制的必要性和紧迫性。语言文字规范标准与大众语言生活息息相关，一旦处理不慎就会带来负面社会影响。因此，未来政府部门要加强与学界、新闻媒体等相关机构的合作，通过各种途径做好语言文字规范标准的宣传工作，为通用语规范使用能力建设打好群众基础。

平衡化指通用语规范使用能力建设应以提高全社会的通用语规范化水平为最终目标，尽可能让更多的群众受益。在现阶段，平衡化已成为中国通用语规范化建设的一个重要发展方向。2012年教育部、国家语委首次明确提出通用语言文字工作重点"从城市转向农村、边远和民族地区",要大力提升少数民族双语教师和学生通用语规范化水平（李卫红 2013：31）。在此背景下，自2015年起，教育部、国家语委和国家民委等部门联合相继开展了"全国双语和谐乡村（社区）示范点"建设工作、"国家通用语言文字普及攻坚工程""推普脱贫攻坚行动"等。我们认为，未来要实现中国通用语规范化水平发展的平衡化，还需继续加大以下几个方面的工作力度：一是加大资金投入和帮扶力度，改善农村、边远和民族地区通用语规范化建设条件，充分调动当地语言文字工作部门的积极性；二是坚持"教育为本"，以农村、边远和民族地区的学校为主要阵地，加大对当地教师通用语能力的培训力度，提升各类学校通用语教学质量；三是以进城务工人员较多的城市为重点对象，联合当地政府、学校为进城务工的青壮年农牧民提供免费的通用语培训。

5.2.5　小结

苏·赖特曾指出，许多新兴民族国家自20世纪下半叶开始的语言规范化工作"从未取得圆满成功"（2012：73）。相比之下，中国在通用语规范使用能力建设方面取得的成就尤为引人注目。中国通用语规范使用能力之所以能迅速发展，总结起来主要有以下三个方面的动因。

第一，社会经济的快速发展为通用语规范化建设提供了经济保障，这一点在通用语教育上表现得尤为明显。新中国成立初期适龄儿童入学率只有20%左右，而2018年中国九年义务教育巩固率已达到94.2%，15岁及以上人口平均受教育年限提高到了9.6年。[1]

其次，较高的文化均质性决定了中国通用语规范化建设拥有广泛的群众基础。秦朝实行的"书同文"政策扩大了汉民族语言文化的影响，之后中国各个朝代推进的社会大一统格局也有效地促进了各民族文化的融合，以汉语言文化为代表的"大传统"得到了各民族的公认（Fishman 1969）。

最后，汉族使用人口占据绝对优势，保证了国家通用语的社会地位和

---

[1]　详见 http://www.stats.gov.cn/tjsj/zxfb/201907/t20190701_1673407.html（2019年6月26日读取）。

影响力。使用人数决定了语言社会功能的大小,是影响语言规划实践的一个重要因素(Lambert 1999)。2010年第六次全国人口普查数据显示,汉族人口近12.26亿,占总人口的91.51%,从而使汉语在政治、文化等各个领域中都被优先使用(陈章太2015:164)。

在取得巨大成就的同时,我们还应看到通用语规范使用能力建设具有长期性和复杂性。语言生活每天都在发生变化,通用语规范化也会不断面临新的问题和挑战。中国通用语规范使用能力建设还需以专业化、大众化、平衡化为重点发展方向,在提升通用语规范标准科学性的同时,聚焦大众语言生活需求,提高广大群众参与规范化工作的积极性;进一步加大对通用语规范化建设薄弱地区的支持,实现全社会通用语规范化水平的全面提高。

5.3 国家语言智能化

语言文字既是智能化建设的基础性资源,同时也是智能化建设的重要对象。在21世纪,语言文字智能化水平已经成为衡量国家现代化进程与国家语言能力发展水平的重要标志。文秋芳(2019a)在其国家语言能力新理论框架中指出,国家语言智能化与国家通用语的普及、规范使用等均属于国家语言核心能力的重要维度,"具有基础性和先导性特点,是国家政治安全、领土完整、社会和谐、经济发展、文化繁荣、信息安全等的压舱石","应置于国家语言能力建设的优先位置"。本节将回顾新中国成立以来的语言文字智能化建设历程,总结70年来这一领域取得的成就及面临的挑战。这里所说的国家语言智能化建设,主要指新中国在国家通用语言文字、少数民族语言、国家通用手语和盲文等领域开展的语言文字信息处理技术研究与实践活动。由于新中国中文信息处理和少数民族语言信息处理起步较早,也最能代表语言文字智能化建设所取得的成就,本节将主要考察这两个领域的发展历程与现状。

5.3.1 发展历程

语言文字的智能化建设涉及语言文字学、计算机科学、信息科学等多个科学领域，是一个系统工程。以中文信息处理为例，其基础理论研究内容就包括汉字识别、汉语语音识别、汉语自然语言的理解和处理、机器翻译、语料库建设、中文信息处理应用平台研发等多个方面，研究成果则广泛应用于信息咨询检索、电化和远程教学、电子印刷排版、办公自动化等各类系统（余锦凤、萧志春 2002：3-5）。限于篇幅，我们将主要从语言文字信息处理标准的制定、软件开发与应用、语料库建设这三个维度进行回顾。根据不同时期取得的进展，中国语言文字智能化建设大致经历了三个阶段：第一阶段为前期准备阶段（从新中国成立到"文革"结束）；第二阶段为全面启动阶段（从改革开放到 20 世纪 90 年代初）；第三阶段为高速发展阶段（20 世纪 90 年代中期至今）。

5.3.1.1 前期准备阶段

语言文字信息处理技术的历史可划分为手工时代、机械化时代和自动化时代。中国语言文字智能化建设起步晚、基础差，汉字处理直到 20 世纪初仍停滞于手工或半机械化的低水平阶段，这也意味着新中国国家语言智能化建设同时面临着机械化和自动化两个时代的历史重压（许寿椿 2009）。

为迅速跟上世界语言文字信息技术的发展潮流，新中国成立后政府积极统筹国内各方面资源，首先在国产计算机的研制上投入了大量的人力物力。在"先集中、后分散""先仿制、后创新"方针的指导下，中国于 20 世纪 50 年代制成了第一代电子管计算机，60 年代研制出了第二代晶体管计算机，并于 60 年代末到 70 年代中期先后成功研制了小规模和大型集成电路通用数字电子计算机（陶建华 等 2016）。这为新中国语言文字信息处理技术的发展提供了必要的"硬件"支持。

借助国产计算机的研发，中国政府组织专家学者尝试性地开展了自动翻译、汉字信息输入输出、中文编辑排版等语言文字信息处理技术的研究和应用工作。如1959年，中国借助自主研发的大型数字电子计算机104机研制出了俄汉翻译系统；1974年8月，在国家计划委员会的领导下，第四机械工业部组建了"748"工程办公室，专门负责汉字情报检索、汉字通信和汉字精密照排等研究工作，这是中国政府首次组织多部门合作的大规模语言文字信息化工程（闵大洪 1994）。

此外，新中国成立后政府有序开展了一系列语言规划活动，不仅有效地提升了国民语文水平，同时也为下一阶段中国语言文字信息处理技术的发展提供了统一规范的语言文字信息资源。自20世纪50年代初，政府开始在全国范围内推广普通话、简化汉字和《汉语拼音方案》，相关部门和研究机构还联合地方政府提出了十余种少数民族文字创制或改革方案。这些活动的开展，极大地促进了国家通用语言文字和少数民族语言文字的规范化，为后一阶段信息处理标准的确立奠定了基础。

5.3.1.2　全面启动阶段

改革开放后，新中国社会经济迎来了高速发展，与世界各国信息技术交流的速度明显加快，语言文字智能化建设迎来了前所未有的发展契机。

语言文字编码关系到语言文字能否有效地被计算机识别、处理和交换，是实现语言文字智能化过程中的关键性步骤。为此，政府在这一阶段开始制定国家通用语言文字和其他几种少数民族语言文字的编码标准，并取得了显著成效。从1980到1991年，《信息交换用汉字编码字符集 基本集》和五个辅助集先后发布，其中基本集与第二、第四辅助集是简化汉字编码字符集，第一、第三、第五辅助集是繁体汉字编码字符集，较好地解决了简繁体汉字在计算机中的存储、交换和处理问题（国家语言文字工作委员会 2017：36-37）。另外，少数民族语言文字编码标准也开始陆续推出。这一时期中国共颁布了蒙古文、朝鲜文、维吾尔文和彝文四种少数民族语言文字编码字符集国家标准，为推动少数民族语言文字智能化建设创造了良好条件（金星华 2005：164-172）。

在文字编码标准不断丰富的基础上，新中国语言文字信息处理软件的研发得到了迅速发展，其中最具有代表性的成果是推出了以中文和少数民族语言为操作语言的计算机系统。20世纪80年代以前，国内计算机主要使用的是英文系统。1983年中国研发出第一个汉字操作系统CCDOS1.0，之后又推出了CCDOS、GWDOS等多个系列（张双圈、周拴龙1994）；蒙古文、藏文、朝鲜文、彝文等少数民族文字DOS操作系统也陆续研发成功，极大地推动了计算机在中国的使用（金星华2005：164-172）。借助自主研制的操作系统，这一阶段中国还深入开展了面向中文自动分词、汉字键盘输入、手写与印刷体汉字识别、汉字打印输出、语音识别与语音合成等方面的基础技术研究，研发了各类机器翻译系统、电子排版印刷系统、检索软件等（苏东庄、袁琦1990）。少数民族语言文字应用软件的开发也取得了重要进展，在DOS操作系统下研发出了蒙古文、藏文、维吾尔文、彝文等多个少数民族语言文字处理系统，其中包含了印刷排版、文档编辑、图书管理等多种应用软件（金星华2005：164-172）。

语料库是语言文字智能化建设的重要基础信息资源，既可用于文献资料的收集和统计，还能为计算机自动分词、语音识别、语义理解等信息处理技术的研究提供重要的数据和参数。发展阶段的语料库建设主要用于专业领域情报资料的检索。以中文语料库的建设为例，截至1992年底中国已建成中文语料库655个，涉及文教、科技、交通运输等各个领域，其存储形式也逐渐从磁带、磁盘发展到光盘（张双圈、周拴龙1994）。

5.3.1.3 高速发展阶段

自20世纪90年代中期开始，新中国语言文字智能化建设正式进入了高速发展期。1994年中国全功能接入国际互联网，这一年因此被称为"中国互联网元年"。之后，中国科学院高能物理研究所设立了国内第一个WEB服务器，推出了中国第一套网页。随着互联网时代的开启，中国信息技术与产业的发展开始与国际接轨，语言文字智能化建设迎来了前所未有的繁荣发展。

这一阶段语言文字信息处理标准取得的进展主要表现在以下两个方

面。一是中国按照 ISO/IEC10646 国际标准制定了相应的编码标准,实现了语言文字编码标准与国际标准的统一。1993 年,国际标准化组织(ISO)正式发布 ISO/IEC10646 国际标准。该标准采用等长架构,一字一码,其目标是将世界各种语言文字统一编码,以实现国际信息网络互通。中国积极参与了 ISO/IEC10646 字符集的扩充工作,按照这一国际标准推出了《信息处理用 GB13000.1 字符集汉字部件规范》《信息技术 信息交换用汉字编码字符集基本集的扩充》等多个汉字编码字符集,同时还先后组织制定了蒙古文、藏文、维吾尔文、彝文、傣文等少数民族文字国际编码标准。二是面向信息处理技术的多种规范、评测标准不断完善,为中国占据相关信息技术的研发高地创造了良好条件。进入 21 世纪后,中国制定了《信息处理用现代汉语分词规范》《中文语音识别系统通用技术规范》《印刷体汉字识别系统要求与测试方法》等面向中文信息处理的词处理技术标准、语音技术标准、技术评测标准,对包括中文语音识别、机器翻译和语料库系统建设在内的语言信息化工作起到了基础性的指导作用(国家语言文字工作委员会 2017:36-43)。少数民族语言信息处理技术标准的研制也取得了一定进展,《信息技术 信息处理用蒙古文词语标记》《信息处理用藏语词类标记集》《信息处理用藏文分词规范》等国家标准相继颁布,为推动少数民族语言信息处理技术实现更快发展奠定了基础。

  互联网络的发展还带来了信息爆发式的增长,直接推动了这一阶段大规模语言文字资源库的建设。除了传统的文献数据库外,中国还研制了面向信息处理的语言参数库(如词汇数据库、语音数据库)、语言知识库、语法信息词典数据库等各种资源库,为语言文字基础研究和信息处理技术研发提供了系统化的语言文字信息资源。在中文信息处理领域,目前具有代表性的大规模语言文字资源库主要有北京大学计算语言学研究所建立的包括现代汉语语法信息词典、汉语短语结构规则库等各类信息资源的"综合型语言知识库",以及董振东团队创建的以各类语义概念为描述对象的中文知识系统"知网";此外,中国中文信息学会发起的"中文语言资源联盟"拥有多个会员单位,收集了涵盖中文信息处理各个层面所需要的语言资源（宗成庆 等 2009：53-61）。在少数民族语言信息处理领域，中国建立了蒙古语、藏语、朝鲜语、彝语等传统通用民族语言单语语料库以及蒙汉、藏汉、彝汉英等大规模双语或多语平行语料库，近年来还推出了"藏、维、彝民语语音参数数据库""汉藏语系语言词汇语音数据库""达斡尔、鄂温克和鄂伦春语语音声学参数数据库""蒙古语语言知识库""现代藏语语法信息词典数据库"等专业型数据库，为开展少数民族语言信息处理、言语工程研究提供了数据支撑。

互联网及大规模语言文字资源库的出现，又进一步为语言文字智能化建设由文字信息处理层面向更高技术要求的语言信息处理层面发展提供了契机。与文字输入、输出、显示等文字信息处理层面不同，语言信息处理层面还涉及对自然语言语义、语用等方面的理解与处理，技术要求更为复杂。在互联网和大规模语料库提供的数据支撑下，面向中文和少数民族语言的自动分词、词义理解、句法和篇章分析等方面的基础研究不断深入，文字输入、机器翻译、语音识别与合成等应用软件的性能得到了极大提升。在中文信息处理领域，如今国内流行的中文输入软件均可通过搜索引擎技术将互联网变成支撑文字输入的"活词库"，同时还能将用户输入时产生的数据随时传送到网络词库中，从而大大提高了中文输入的便捷度和准确度。机器翻译不再借助语言学的短语规则，依靠大规模的真实语料库和互联网络、支持中文与数十种常用语言互译的"互联网机器翻译系统"已经研发成功，同时基于深度学习的机器翻译系统研究也开始启动（冯志伟 2019）。机器声学模型的训练需要语料库尽可能地覆盖所有的语言语音现象，互联网络的发展和大规模语音语料库的建成为中国语音识别与合成软件的研发提供了客观全面的数据。百度、科大讯飞等公司研制的语音识别与合成系统已经达到了国际先进水平。在少数民族语言信息处理领域，文字处理、图文识别、自动分词、机器翻译等系统的研发也不断取得突破：继 DOS 操作系统后中国又推出了蒙古文、藏文、维吾尔文、彝文等少数民族语言文字 Windows 和 Linux 操作系统，并在此基础上研发了相应的文字处理系统；"统一平台少数民族文字识别系统"研制成功，解决了印刷体蒙古文、藏文、维吾尔文、哈萨克文等多种少数民族文字的文档图像计算机识别输入难题；自动分词技术也取得了重大进步，现已开发了蒙古文、藏文、维吾尔文自动分词和标注系统；蒙汉、藏汉、维汉、彝汉、朝汉、哈汉等各类机器翻译系统相继推出，其中维汉、蒙汉、藏汉统计机器翻译系统在国际机器翻译评测比赛中多次取得优异成绩（国家语言文字工作委员会 2017：50-51）。

5.3.2　基本经验

从上文的介绍可以看出，短短 70 余年时间，新中国从半手工半机械化时代直接进入了自动化时代，语言文字智能化水平得到了全面提升。之所以能取得如此显著的成就，主要在于中国政府始终坚持参与主体的多元化、技术标准的自主化、服务对象的普惠化，这已成为中国推动语言文字智能化建设不断深入发展的重要经验。

第一，参与主体的多元化有效地调动了社会各方力量的参与。行使国家语言能力的主体是政府，但国家语言能力的发展需要社会多方力量的支持，语言文字智能化建设更是如此。在准备阶段和全面启动阶段，由于中国社会经济发展不充分，信息技术的研发刚刚起步，因此语言文字智能化建设主要依靠政府及少数科研机构、高校的推动。改革开放后，中国市场经济得到了迅速发展，百度、搜狗、阿里巴巴、科大讯飞等一大批企业逐步成了语言文字智能化建设的生力军。在市场需求的引导下，这些企业开发了中文输入法、语音识别与合成软件、自动翻译系统等各类语言文字信息处理软件，极大推动了中国语言文字智能化建设的进程。针对这一新的发展形势，中国政府通过科研立项、市场合作等方式加强了对参与语言文字智能化建设各类社会主体的引导与管理，并在政策上明确鼓励科研院所、企业团体参与语言文字智能化建设工作。例如近年来管理国家通用语言文字工作的最高政府机构国家语委就在其颁布的《国家语言文字工作委员会关于进一步做好语言文字信息化工作的若干意见》《信息化条件下语言文字规范标准体系建设规划》等多份文件中明确提出，未来要整合各方资源，进一步加强与相关政府部门、科研机构和企业的协同合作。

第二，坚持自主化发展方向为语言文字智能化建设提供了强大的内生动力。新中国成立之初，中国语言文字信息技术发展水平远远落后于西方发达国家。突破西方国家的技术封锁，弥补信息技术的发展鸿沟，成为中国语言文字智能化建设的重要目标。在这一目标的引导下，中国语言文字信息处理技术的发展不断取得新突破。以语言文字信息软件的研制为例。21世纪以前中国基本上都是借用国外的成熟软件进行"汉化"，软件技术整体的开发能力和开发水平都比较低（卫红春 1995）。进入语言文字智能化建设高速发展阶段后，中国语言文字信息处理软件自主化程度不断提高，逐步摆脱了对国外技术的依赖。例如：百度搜索引擎已经成为目前世界上规模最大的中文搜索引擎，在某些搜索功能方面可以与谷歌相媲美；从传统的五笔输入法到现在百度、腾讯、搜狗等公司研发的拼音输入法，国内汉字输入软件的研发呈现出"百花齐放"的局面，彻底改变了中国手机、电脑等智能设备只能进口依赖国外技术和知识产权的"洋"输入法软件的被动局面；语音合成与识别、机器翻译等软件的研发也达到了国际领先水平，在一些国际技术评测比赛中屡屡夺冠（国家语言文字工作委员会 2017：33-35）。

此外，坚持自主化的发展方向还表现为中国政府高度重视语言文字信息处理国际标准的制定工作，始终注意把握制定相关国际标准的主导权。以少数民族语言文字信息处理国际标准为例，中国采取了"先国际、后国内"的工作步骤（佟加·庆夫、王维东 2011：177），在国际上"以我为主"地开展了信息交换用蒙古文、藏文、彝文等少数民族文字编码字符集国际标准的研制工作，极大提升了相关标准在ISO/IEC10646国际标准中的影响。

第三，注重服务对象的普惠化拓展了语言文字智能化建设的发展空间。中国语言文字智能化建设高度重视各少数民族群众、特殊人群的语言文字需求，近年来还致力于提高应对重大或突发事件的语言服务能力，这既给语言文字信息处理技术的发展与创新提出了更高要求，同时也带来了发展机遇。如前文所述，改革开放后少数民族语言文字的智能化建设得到了迅速发展，有效满足了少数民族群众的语言需求。与此同时，面向特殊人群的语言文字智能化建设也已经全面启动。2012年教育部、国家语委发布了《国家中长期语言文字事业改革和发展规划纲要（2012—2020年）》，明确提出要加快手语和盲文的信息化处理。随着《国家通用手语常用词表》和《国家通用盲文方案》两份重要规范的正式发布，如何通过现代科技手段为听障和视障人群构建生活、学习等服务型数字平台，开发多种多样的手语和盲文信息化产品，将成为未来盲文和手语智能化发展的新任务和新方向。

另一方面，近年来政府部门和相关机构更加重视提升重大或突发事件中语言文字信息技术的服务能力，这也为语言文字智能化建设带来了新的发展亮点。例如，2017年北京冬奥组委、教育部和国家语委共同启动了《北京冬奥会语言服务行动计划》，提出开展语言技术集成及服务，在建设跨语言术语服务平台的基础上推动开发多语言服务系统和智能APP，集成语音识别与合成、机器翻译、人机对话等技术成果，打造人机智能交换平台。[1] 2020年湖北新冠肺炎疫情爆发期间，为帮助外地援鄂医疗队解决医患沟通的方言障碍问题，在教育部语信司的指导下，国内多个科研院所、企业联合研制了《抗击疫情湖北方言通》，包括微信版、网络版、融媒体版、迷你视频版、抖音版、在线服务系统、即时翻译软件等多种形式。[2] 语言文字信息技术在重大或突发事件中的广泛运用，无疑将进一步拓展中国语言文字智能化建设的发展前景。

5.3.3 未来展望

虽然中国语言文字智能化建设已实现跨越式发展，并积累了丰富经

---

1 详见 http://www.moe.gov.cn/s78/A19/moe_814/201705/t20170525_305759.html（2019年5月13日读取）。

2 详见 http://www.moe.gov.cn/jyb_xwfb/gzdt_gzdt/s5987/202002/t20200213_420810.html（2020年3月5日读取）。

验，但在未来的发展过程中仍将面临不少挑战。我们认为，未来的语言文字智能化建设应从以下四个方面入手，以进一步提升发展效率和质量。

5.3.3.1 加强行政治理体系建设，实现各类资源的合理配置

作为国家语言能力与经济实力的重要象征，中国语言文字智能化建设是一项巨大的工程，涉及信息技术开发、标准制定、人工智能产品研制等各个环节，直接或间接参与建设工作的就有科学技术部、工业和信息化部、国家标准委、国家民委、国家语委等多个政府部门，此外还有数量众多的高校、科研机构和企业团体。多元化的工作机制固然为推动语言文字智能化建设提供了巨大的动力，但如果缺乏系统规划，就会导致效率不高，出现人力、财力资源严重浪费的现象。中国语言文字智能化建设尚无统一的行政机构进行管理。早期由于没有统一的管理和协调，各部门、各单位之间就存在语言文字信息处理技术重复开发研制的现象（国家语言文字工作委员会政策法规室1996：45）。1998年国务院机构改革后，虽然各部委的职能有明确分工，但是部门之间的协调和配合仍然不够理想，相关工作仍缺乏统筹规范和领导（李宇明、王奇2011：7）。

因此，未来中国语言文字智能化建设需要加强行政治理体系建设，合理统筹和规划各项工作。一是提升全局性意识，推动相关部门之间开展互访调研等交流活动，提高各部门在制定规划和政策、开展工作等方面的联动性；二是建立部级协调会议制度，负责语言文字信息处理的立项和成果的评审，组织、协调各方面的力量联合攻关（国家语言文字工作委员会政策法规室1996：45）；三是组建联合的专业学术组织，充分发挥其"上传下达"的作用，从而为各部门联合推进语言文字智能化建设工作提供建议和参考。

5.3.3.2 充分发挥专家学者和科研人员的力量，推动基础技术研究

自然语言理解涉及对人类语言语义、语用等各类信息的计算和处理，如何让机器理解人类语言，完全实现智能化，已成为包括中国在内的世界

各国面临的共同挑战。相比世界发达国家而言,中国语言文字信息处理技术还有一定差距。一些基础性的软件产品,比如操作系统、常用文字信息处理软件等,仍主要由 IBM、微软等国外公司提供,这已成为中国在智能化建设过程中实现自主化面临的最大挑战。

我们认为,要解决上述问题,未来政府部门还应继续充分发挥专家学者、科研人员的作用,通过课题立项、基金资助等方式加快相关信息技术的研发和标准的制定。要重视智库、专业咨询委员会的建设,并与科研院所、企业组织合作成立科研机构,推动相关领域的科学研究。在人才培养方面,政府应发挥主导性作用,制定具有前瞻性的未来人才培养规划,并联合科研院所、企业组织等机构培养急需的高技术人才。

5.3.3.3 有效利用语言文字信息技术,继续提升服务能力

随着语言文字智能化建设进程的迅速推进,以市场语言文字智能化需求为导向的技术应用与产品研发在现阶段迎来了发展的"黄金期",但在公共服务领域如何充分运用语言文字智能化技术为各类人群提供形式多样的语言服务,还有待政府进一步加大力度。例如:相比汉语而言,少数民族语言语料库的规模和种类还有提升空间;涉及旅游、出入境、留学等外事工作的政府门户网站与公众号也主要以中文为主,缺乏多语言网站及网上服务平台,无法及时有效地满足当前日益旺盛的国际交流需求;在线语言地图、语言人才资源库等其他公益性数据库的研制也落后于美国。

由此可见,未来中国政府在支持以市场需求为导向的语言文字智能化产业发展的同时,还需加大公共服务领域语言文字智能化建设的力度。首先,政府应对公共服务领域的语言生活进行详细调查和研究,确立工作重点与方向;其次要增加资金投入,通过设立项目或招投标的形式引导科研院所、企业团体参与相关工作;语言文字主管部门还应将语言文字智能化建设水平列为评价地方政府及相关部门语言文字工作成效的重要内容,建立相应的奖励与问责机制。

5.3.3.4 掌控网络语言文字信息话语权，扩大国际影响

进入 21 世纪以来，中国信息产业规模不断扩大，互联网用户数量迅猛增长，但是中文在整个互联网的话语权仍远远不及英语。有研究者指出，互联网中 70% 以上的内容由英语传播，全部网页中 81% 的页面是英文页面，而美国正是凭借英语为网络主导语言这一优势牢牢控制着网络话语权，向全世界传播其商业文化和价值观（杜雁芸 2016）。中文网络资源与英语网络资源相比劣势较为明显，部分发达国家借此牢牢掌控着互联网及其信息资源的控制权，这已经对中国的政治安全、信息安全、文化安全、军事安全形成了极大威胁（靳光瑾 2010）。

有鉴于此，政府相关部门应制定长远规划和具体措施，通过文字、视频等多种方式提供高质量的中文网络信息资源，推动中华语言文化"走出国门"。另一方面，我们仍需要借助英语的网络语言优势，加大人力和资金投入，建立以介绍中国传统文化、历史、政治文明为主的英文在线资源库、网站、社交平台，促进中外文化交流。最后，我们还应抓住当下国际中文教育在全球迅速发展的契机，加强面向国外学习者的中文学习网站、大型资源库的开发，通过国际中文教育来传播优秀中华语言文化，消除外界对中国政治、经济等方面的认知偏见。

5.3.4 小结

新中国成立以来，语言文字智能化建设取得了显著成就。在自力更生的基础上，现阶段中国形成了政府与市场共同参与、社会效益与经济效益兼顾的良好发展局面，这也从一个侧面反映了中国国家语言核心能力取得的长足发展。但同时我们也要看到，语言文字智能化建设是一个巨大工程，未来还需要加强统筹规划，发挥专家学者与科研人员的作用，更好地满足社会，尤其是公共服务领域的相关需求。在此基础上，我们还应进一步增加中文在互联网络中的信息产出量，从而为提升新时代中国互联网话语权、增进中国与其他国家之间的文明互信创立良好条件。

总之，语言文字智能化发展水平是一个国家软实力和硬实力的综合表现，与社会和谐、经济发展、文化繁荣等各方面息息相关，鲜明地体现了国家语言核心能力所起到的"压舱石"的作用（文秋芳 2019a）。推动语言文字智能化建设，既能服务于国内语言生活需求，维护国家政治安全、信息安全、文化安全等切身利益，同时还有助于扩大国家语言文字的国际影响力，提升国际话语权。未来我们仍需将语言文字智能化建设置于国家战略发展的高度，进一步加大人力、物力、资金等方面的投入，继续推动语言文字信息处理技术的发展，最终实现占领全球语言智能化建设高地的历史使命。

5.4 国家语言和谐生活建设

建设国家语言和谐生活是新中国语言文字事业的一项重要内容。尤其是进入 21 世纪以来，随着社会经济的迅速发展，语言生活发生了较大变化，构建国家语言和谐生活的重要性得到了进一步凸显。如今，"和谐语言生活"这一概念已被正式写入国家语言文字工作规划和发展纲要等多份重要的政策性文件中。例如：在 2007 年教育部颁布的《国家语言文字工作"十一五"规划》中，"基本构建成和谐的社会语言生活"首次被明确列入国家语言文字事业发展目标；2012 年教育部、国家语委发布的《国家中长期语言文字事业改革和发展规划纲要（2012—2020 年）》（以下简称《规划纲要》）更是将"构建和谐语言生活"进一步上升为国家语言文字工作的指导思想。中国是一个多民族、多语言的国家，国家语言和谐生活建设涉及的范围较广，本节将主要从以下两个方面对该领域的发展现状进行考察和分析：（1）语言文字定位与功能规划，主要表现为政府对各类语言文字资源的开发和利用，这些语言文字包括国家通用语言文字、少数民族语言文字、汉语方言、外国语言文字等；（2）语言文字规范与发展规划，主要表现为政府对语言文字规范标准和语言生活中新变异、新现象之间关系的协调与引导，如近年来出现的新词语、字母词、外来语、网络语言的规范使用问题等。

5.4.1 语言文字定位与功能规划

中国是一个多民族、多语言的国家,如何充分发挥各类语言文字各自的作用,促进社会经济发展,成为建设国家语言和谐生活的关键。经过长期探索,中国政府对各类语言文字作用的认识得到了不断深化,"从视语言为问题逐渐转向将语言看作资源,或者看作既是问题又是资源,进而发出保护、建设和开发、利用语言资源的呼吁"(陈章太 2008)。与此相对应,中国对各类语言文字定位和功能的规划大致经历了两个阶段。第一阶段为新中国成立到 21 世纪初期,中国通过语言文字立法,科学划定了不同语言文字的使用范围,使其"各安所位";第二阶段为"十一五"时期至今,在"语言资源观"的指导下,中国进一步发掘各类语言文字在文化、经济、战略等层面所具备的独特价值,使其"各展所长"。

5.4.1.1 第一阶段:各安所位

在第一阶段,中国政府通过制定法律法规对各类语言文字的使用范围进行了明确规定。从使用行政区域来看,中国语言文字有国家通用语言文字和区域性通用语言文字之分。《中华人民共和国宪法》规定"国家推广全国通用的普通话";《国家通用语言文字法》规定普通话和规范汉字作为国家通用语言文字在全国范围内推广,普通话和规范汉字既是汉民族使用的交际工具,也是各民族共同的交际工具。同时,为照顾多民族、多语言的特点,少数民族语言文字在民族自治地方和少数民族聚居地方可作为区域性通用语言文字选择使用。如《中华人民共和国宪法》明确提出"各民族都有使用和发展自己的语言文字的自由",确定了各民族语言文字享有平等的法律地位;《中华人民共和国民族区域自治法》相关条款进一步明确了在民族自治地方和少数民族聚居地方的公务活动、社会用语、学校教育等领域使用民族语言文字的权利。从交际场合来看,中国法律法规对公共交际行为用语用字和个人生活用语用字也进行了区别对待。如《国家通用语言文字法》调整的主要是社会交际行为,明确规定除了某些特殊情形外,作为国家通用语言文字的普通话和规范汉字是国家机关、学校、出版、广电及公共服务行业的基本用语用字；对个人使用语言文字只作引导，不予干涉（苏培成2010：656）。这一处理方式既强调了国家通用语言文字的主体地位，同时也考虑到了语言文字发展的传承性以及语言生活的复杂性，为其他语言文字的使用留下了合理空间。

从以上法律法规的相关规定可以看出，中国实行的是"主体多样"的语言政策：国家通用语言文字是国家语言生活的主体语言，推广国家通用语言文字是国家语言政策的主体和核心；在此前提下，政府依法处理少数民族语言文字、方言、繁体字、异体字以及外国语言文字的学习使用问题，保障了语言政策"主体性"和"多样性"的辩证统一（周庆生2013）。为了落实"主体多样"的语言政策，推动各类语言文字在各自使用范围内和谐共存、互补分用，这一阶段中国主要开展了以下三个方面的工作。

一是推广国家通用语言文字。中国地域辽阔，汉语方言众多且内部一致性较小，方言隔阂现象严重。为发挥国家通用语言文字在促进不同地区人们之间的交流、服务国家现代化建设等方面的重要作用，20世纪50年代初政府就确定了新中国语言文字政策基本框架，将整理和简化汉字、推广普通话、制定和推行汉语拼音方案列为文字改革的三大任务。改革开放后，随着社会经济的迅速发展，中国政府采取了更为积极主动的推广措施，先后实施推进了普通话水平测试、民族汉考，并于2001年起开始推行城市语言文字工作评估，进一步加大了对学校和社会相关行业部门推广国家通用语言文字工作的督察力度。

二是推动民族语文改革工作。中国少数民族与其使用语言文字之间的对应关系错综复杂。新中国成立时许多少数民族还没有形成本民族通用的民族共同语言文字，呈现出语言总数比民族总数多的特点。中国有55个少数民族，"说100多种语言和方言，用30多种文字"（金星华2005：2）。为了提高少数民族语言文字的交际功能，中国政府自20世纪50年代起开展了对少数民族语言文字的全面调查工作，在此基础上创制了十余种拉丁字母形式的少数民族拼音文字，并对一些少数民族文字进行了改进和改革。通过这些民族语文规范工作,少数民族语言文字使用上的混乱现象得到了逐步改善,直接推动了其在教育、出版、广播电视等领域的进一步使用和发展(金星华 2005:53-67)。

三是构建"国际双语言"生活。周有光指出,在全球化时代,中国也需要构建从只会说普通话,到同时能说普通话和英语的"国际双语言"生活(周有光 1997)。英语是国际上广泛使用的语言,培养英语人才、构建"国际双语言"生活,有助于增进国际交流,实现中国的现代化和国际化。中国英语教育的发展并非一帆风顺。新中国成立初期,中国加入了以苏联为首的社会主义阵营。为适应当时政治和经济发展的需要,中国大力发展俄语教育,俄语成为第一外语。20 世纪 60 年代初,由于中苏关系的变化,中国与西方以及亚、非、拉等国家的交往日益增多,英语教育开始受到重视。1964 年政府颁布《外语教育七年规划纲要》后,英语教育迎来了快速发展。改革开放后,中国进一步加强了对外语教育的科学规划,如 1979 年教育部发布的《加强外语教育的几点意见》就提出要将英语教育作为外语语种布局的主要任务大力发展。在政府的努力下,"国际双语言"生活的构建取得明显成效。到 21 世纪初,中国已有 3 亿多人在学习英语,约占全国总人数的四分之一(刘丹、滕育栋 2006)。

5.4.1.2 第二阶段:各展所长

随着中国经济社会继续高速发展,国际交流日益频繁,语言生活也变得更加丰富和复杂,这给国家语言和谐生活的构建带来了新的挑战。例如:一些农村及边远地区的国家通用语言文字普及率与发达地区相比存在巨大差异,而"保护方言"的话题也开始成为一些地区的热议话题;英语学习人数的急剧增长表明国民外语能力得到了快速提高,但同时也给母语教育及中华传统文化带来了冲击,汉语"外热内冷"的现象日益突出。为了解决这些矛盾,自"十一五"开始,在继续发挥国家通用语言文字主导作用的前提下,"……方言、繁体字、濒危语言和弱势方言、手语和盲文、外国语言文字等过去被忽视的内容都进入了官方核心语言政策的范围,而且被作为语言资源的有机成分要求加以承认和保护",这表明中国政府对语言多样性的认可和包容在不断增强,"主体多样"的语言政策内涵得到了进一步丰富(赵蓉晖 2016)。如《规划纲要》除了提出要大力推广国家通用语言文字外,还对未来如何开展包括汉语方言、繁体字、少数民族语言文字、手语和盲文、外国语言文字在内的相关工作也进行了全面阐述,明确指出要树立语言资源是国家重要的文化资源、经济资源和战略资源的意识。

在政府对各类语言文字资源开发利用工作的重视下,中国语言文字工作得到了丰富和拓展。在国家通用语言文字的推广方面,近年来语言文字部门以"扶贫先扶智,扶智先通语"为工作导向,进一步加大了农村、边远和民族地区的工作力度,通过提供普通话和规范汉字师资培训、赠送学习教材等各种方式提升当地群众的国家通用语言文字水平。此外,国务院教育督导委员会办公室于 2015 年发布了《语言文字工作督导评估暂行办法》,语言文字督察工作的涵盖面"从地方政府、各级各类学校拓展到相关行业部门乃至全社会"(姚喜双 2016:10)。该办法明确规定,要对推广国家通用语言文字工作成效突出的政府及部门进行奖励,对职责落实严重不到位的则给予通报批评。随着国家通用语言文字的推广工作继续加强,普通话和规范汉字作为国家语言生活主体语言文字的地位得到了进一步巩固。以普通话推广为例,全国普通话普及率从 2000 年的 53% 提高到了 2015 年的 73% 左右,2020 年则已超过 80%。[1]

另一方面,中国政府还以传承弘扬中华文化、服务社会发展为导向,有效推动了少数民族语言文字、汉语方言、繁体字等各类语言文字资源价值的进一步开发和利用。

一是关注少数民族语言和汉语方言的生存状况,有针对性地开展语言文字保护工作。少数民族语言和汉语方言都是中华传统文化的重要组成部分。为科学保护少数民族语言文字,保护传承汉语方言文化,在继续推进

---

1 详见 http://www.moe.gov.cn/jyb_xwfb/s5147/202009/t20200914_487835.html(2020 年 9 月 20 日读取)。

少数民族语言文字规范化、标准化、智能化建设的同时，国家语委还于2008年启动了"中国语言资源有声数据库"建设工作，此后又于2015年启动了"中国语言资源保护工程"，通过田野调查、在线采录和文献典藏实现少数民族语言和汉语方言大规模的语言资源汇聚。截至2018年底，"中国语言资源保护工程"完成了1495个地点的语言文化田野调查，语言资源音视频数据总量达600余万条，出版了一批标志性成果（国家语言文字工作委员会2018：48-53）。

二是重视繁体字和异体字在传承弘扬中华文化、促进与港澳台同胞和海外华人交流等领域所发挥的作用。繁体字和异体字对于研究古代历史、研读传统典籍文献等方面具有重要价值，在中国港澳台地区和部分海外华人社区中仍被继续使用。自"十一五"以来，语言文字部门采取了多项措施，进一步提升了繁体字、异体字的应用价值。如2013年国务院发布的《通用规范汉字表》梳理了汉字的简繁、正异关系，首次以附表形式呈现了规范字与繁体字、异体字之间的对应关系，以方便海峡两岸及港澳地区信息交流和海外华人的汉字应用[1]；2014年中国发布了《汉字简繁文本智能转换系统》，该系统能够面向中国台湾和面向古籍进行两种繁简转换，进一步增强了两岸语言文化认同；2019年国家语委项目"通用汉字全息数据库建设"标志性成果"汉字全息资源应用系统"正式发布，有效满足了不同领域的多元化汉字应用需求。

三是制定国家通用手语和盲文规范标准，满足听障和视障人群的语言文字需求。能否提供完善的语言服务，是国家语言能力水平的一个重要体现（赵世举2015）。《规划纲要》明确提出要加强国家通用手语和盲文的规范化、标准化建设工作，为听障和视障人群提供国家通用手语和盲文翻译、语音阅读、提示等服务。在政府部门的努力下，中国于2018年发布了《国家通用手语常用词表》和《国家通用盲文方案》，2019年公布了《汉语手指字母方案》。这些规范标准将共同服务听障和视障人群的语言生活，

1　详见 http://www.moe.gov.cn/s78/A19/s7570/s7571/s7573/201308/t20130829_156500.html（2019年7月21日读取）。

进一步促进中国特殊人群文化、教育事业的发展。

四是对接国家战略需求，加强外语教育统筹规划。进入 21 世纪后，国际形势日益复杂，如何科学制定外国语言文字学习和使用规划，更好地发挥其在国家政治外交、经贸发展、人文合作等方面的作用，已经提升到国家战略的高度。《规划纲要》就明确提出要根据国家战略需求培养各类外语专业人才，以便及时为国家提供外国语言文字方面的支持和服务。在人才培养上，新时期的外语教育在教学目标上强调既要重视培养学生的跨文化沟通能力，同时也要注重培育其家国情怀，坚定文化自信，以促进中西文化双向交流。如 2017 年教育部颁布了修订后的《普通高中英语课程标准》，要求普通高中英语课程体现"德育为魂、能力为重、基础为先、创新为上"，在发展学生英语语言运用能力的同时，还要帮助学生形成正确的世界观、人生观和价值观（王定华 2018）。在语种布局方面，"一带一路"建设促进了非通用语专业的发展，"英语热"开始降温，中国迎来了多语种教学的黄金期。如 2018 年北京外国语大学已基本开齐与中国建交国家的主要官方用语专业，2019 年获批开设外语语种数量更是达到了 101 种（文秋芳 2019c）。

5.4.2　语言文字规范与发展规划

社会在发展，语言也会变化。只有准确把握语言内部发展规律，处理好语言文字规范与语言生活新变异、新现象之间的矛盾，才能更好地发挥各类语言文字的功能，为其资源价值的可持续开发与利用奠定良好基础。普通话与规范汉字作为国家通用语言文字，是新中国国家语言生活的主体性语言文字，政府如何处理其规范与发展的关系，无疑最具有代表性。以下我们以国家通用语言文字为例，简要介绍中国政府在这方面开展的工作及取得的成就。

5.4.2.1 语言文字规范与发展之间的矛盾

中国古代社会就有共同语,也就是所说的"通语""官话"。古代共同语没有明确的标准,使用者主要是官吏和商人,通行范围受到很大限制。新中国成立后,为扫除文盲、普及全民义务教育,政府迅速开展了文字改革工作,重新确定了国家通用语言文字的语音、词汇、语法等各项规范标准。1956 年国务院发出《关于推广普通话的指示》,指出"汉语统一的基础已经存在了,这就是以北京语音为标准音、以北方话为基础方言、以典范的现代白话文著作为语法规范的普通话",普通话的各项标准得以确立。之后,政府还制定了《汉语拼音方案》,组织开展了普通话异读词审音工作,并先后颁布了《汉字简化方案》《简化字总表》《印刷通用汉字字形表》等一系列汉字规范标准,为国家通用语言文字的规范化建设奠定了良好的基础。

但是,语言生活不是一成不变。随着社会经济的迅速发展,语言新变异、新现象不断出现,语言生活呈现出较强的"动态性"。总的来说,造成中国语言生活变化的主要原因可以概括为以下三点。

第一,新事物、新观念大量涌现。社会制度的变革、科学技术的进步是推动语言各要素发展的直接动力。尤其是改革开放后,中国社会经济进入高速发展期,对国家通用语言文字的影响也更加明显,最直接的表现就是反映新事物、新观念的新词语不断涌现,一些词语的意义、用法也产生了较大的变化。

第二,语言文字之间的互动加速。社会经济的发展推动了不同地区人们之间的语言交往,导致语言之间的相互影响更加剧烈。例如:普通话从各汉语方言中吸收了许多语言形式,但同时也面临着方言语音、词汇、语法等各个方面的冲击;随着外语学习人数的增多,外语尤其是英语对汉语的影响日趋增强,字母词、欧化语法等语言变异形式不断引起社会关注。

第三,语言传播形式发生了彻底变革。随着现代科学技术的发展,特别是互联网的出现,语言的传播突破了时间、地域的束缚,每个人都可以成为新词新语、新用法、新组合的传播者。这一变革使得国家通用语言文字在不同领域使用过程中形成了更加丰富多样的语言风格，但同时也给其规范化建设带来了巨大挑战，词语滥用、语言暴力等不规范现象日益突出。

语言生活出现的新变化有一部分反映了国家通用语言文字强大的生命力，符合语言发展规律，但也有不少变化源于个人不规范的语言使用行为，对国家通用语言文字的健康发展造成了负面影响。为适应不断发展的动态语言生活，政府部门需要及时对静态的语言文字规范进行不断修订和调整，这不仅关系到国家通用语言文字功能的充分发挥，更是构建国家和谐语言生活、推进社会精神文明建设的应有之义。

5.4.2.2 应对举措

为了推动语言规范和发展两者之间的和谐健康发展，科学合理地处理语言生活中的新变化、新现象，新中国成立以来，政府在国家通用语言文字规范化建设过程中高度重视规范标准的修订工作，构建了具备多种效力的规范标准体系，并加大了对语言生活的监测、研究与引导，从而有效缓解了相对稳定的语言文字规范标准与复杂多变的语言生活之间的冲突与矛盾，促进了国家通用语言文字的健康发展。

首先，中国对国家通用语言文字规范标准进行了及时修订，保证了语言文字规范标准的时效性。为适应不断发展变化的语言生活，从20世纪八九十年代起，中国对已有的《中国各民族名称的罗马字母拼写法和代码》《中文书刊名称汉语拼音拼写法》《标点符号用法》《出版物上数字用法的规定》等多项规范标准进行了修订，并作为国家标准正式发布。进入21世纪后，对已有各项规范标准进行整合与修订更是成为国家通用语言文字规范化建设的鲜明特征之一。如《现代汉语常用词表》于2008年发布后不到十年，国家语委就对该词表进行了修订，及时调整了常用词范围；2013年公布的《通用规范汉字表》是新中国成立以来汉字规范标准的集大成者，真实反映了现阶段的汉字使用情况；第三次普通话审音工作也顺利开展，2016年《普通话异读词审音表》的修订工作完成。

其次，中国制定了包含强制性、推荐性和引导性三级不同效力的国家通用语言文字规范标准体系，充分照顾了语言文字规范应有的弹性。改革开放后，中国政府颁布了多项国家通用语言文字国家标准，有一部分是必须执行的强制性标准，如《部分计量单位名称统一用字表》(1977年)、《中文书刊名称汉语拼音拼写法》(1992年)、《地名标牌 城乡》(1999年)，以及各项信息处理用的编码标准等；同时也有许多推荐性标准，如《普通话异读词审音表》(1985年)、《出版物上数字用法的规定》(1995年)、《标点符号用法》(1996年)等。进入21世纪后，在继续制定并完善国家通用语言文字强制性和推荐性标准的基础上，自2004年起国家语委还启动了《中国语言生活绿皮书》(简称"绿皮书")的编写工作。"绿皮书"分为A类和B类，A类以引导性的语言文字规范为主，也称为"软性"规范。三级效力规范标准体系的完善，鲜明地体现了中国政府对待语言生活中新变异、新现象的态度更为宽容和科学，为国家通用语言文字的发展留下了合理空间。

此外，中国政府积极开展社会语言生活状况的监测、研究与引导，为国家通用语言文字规范标准的研制与修订提供了材料支撑，在全社会营造了和谐健康的语言文字使用氛围。为跟踪研究语言生活中出现的新现象和新问题，自2005年以来，中国陆续成立了国家语言资源监测与研究平面媒体、网络媒体、有声媒体等中心，建立了动态流通语料库和相应监测管理系统，对获取的语言监测数据进行深度研究和解析，"尤其是对大众传媒、图书杂志和互联网上出现的外来语、流行语、新词语以及现代汉语中新现象加以分析研究"，为观测语言生活新内容、科学制定国家通用语言文字规范标准提供了重要支撑。[1] 同时，中国政府还利用语言监测数据进行各类宣传，积极引导虚拟和现实空间和谐语言生活的健康发展。各语言资源监测与研究中心会定期向社会公布语言生活中出现的新变异、新现象，为社会大众正确使用国家通用语言文字提供咨询服务。国家语言文字

---

1 详见http://www.moe.gov.cn/s78/A19/moe_814/201510/t20151015_213466.html（2019年7月28日读取）。

部门也通过发布语言文字"皮书"、组织举办"汉语盘点"等活动,有效增进了社会大众对语言生活发展情况的了解。

5.4.3 挑战与思考

从上文的相关介绍可以看出,经过多年实践,新中国和谐语言生活建设取得了巨大成就。但同时我们也要看到,社会语言生活的复杂性和各类人群语言需求的多样性决定了和谐语言生活建设是一个长期过程,其未来发展仍面临着不小挑战。

在语言文字定位与功能规划方面,最突出的问题就是当今社会人们更加倾向于使用国家通用语言文字进行交流,且外语教育中英语、法语等通用语种的地位仍不可撼动,在这一情况下如何保护少数民族语言和汉语方言、平衡外语语种布局,无疑变得更加复杂和艰巨。社会上对此也存在不同声音。以语言保护为例,一种观点认为,人们选择强势语言是顺应时代发展潮流的必然结果,将弱势语言,尤其是濒危语言记录下来进行科学研究是有意义的,但这主要是学术界的责任,不能强迫人们坚持使用弱势语言和濒危语言;延缓弱势语言的消亡或是抢救濒危语言的行为,都不符合语言的自然发展规律(道布 2018)。另一种观点则认为,应对弱势语言和濒危语言的保护持更加主动的态度,需要完善立法体系和教育制度,制定弱势语言和濒危语言复兴计划,通过家庭、代际、学校教育来保护、拯救和复兴弱势语言与濒危语言;除了法律规定使用普通话的情形外,家长在其他环境都要尽量使用母语与孩子进行交流沟通,扩大母语的使用范围,以此保护少数民族语言、汉语方言等非国家通用语言文字(何丽 2014;霍文琦 2014)。

在语言文字规范与发展规划方面,如何进一步加强和完善政府部门与社会各类语言文字机构的合作机制,从而保证语言文字规范标准的科学性和可操作性,是当前中国和谐语言生活建设面临的另一挑战。前几年沪教版《语文》课本将"外婆"一词换成了"姥姥",第 6 版《现代汉语词典》收录了 239 条如"NBA"等以西文字母开头的字母词等事件,就成了舆论关注的热点话题，并引发了大范围的社会讨论。这些事件一方面说明我们在制定语言文字规范标准的过程中还需更加谨慎，应深入了解现实社会语言生活的真实情况，充分考虑不同社会人群的语言文字习惯，另一方面也间接反映了现阶段中国语言类社会组织发展还不完善的问题。现有社会语言文字机构帮助、配合政府进行社会语言使用管理的职能发展较为完备，但其协助处理社会语言热点问题、引导大众理性表达语言文字观等方面的职能还处于"缺失"状态（张日培 2009）。语言文字规范工作专业性极强，未来还需政府部门与社会语言文字机构通力合作，确保相关规范标准"接地气"，从而最大限度地获得社会大众的认可。

我们认为，要想解决国家和谐语言生活建设过程中出现的以上问题，政府未来还需进一步加强统筹和规划，继续发挥好主导作用。无论是弱势语言和濒危语言的保护、外语语种教育的平衡布局还是语言文字静态规范与动态发展之间的协调，这些问题仅仅依靠社会机构和个人是不可能解决的，必须由政府制定相关政策和措施加以统筹和引导，协调各方面力量，并在人力、物力、资金等方面提供支持。总的来说，未来政府仍应继续做好以下几个方面的工作。

首先是继续坚持"以人为本"的基本原则，充分保障个人学习和使用各类语言文字的自由；尤其是在保护弱势语言和濒危语言的过程中，应注意避免为刻意保护这些语言而损害少数语言族群的语言文字基本权利。这也是建设国家和谐语言生活的基本前提。中国语言政策强调主体性和多样性的辩证统一，是为了满足人民多样化语言生活的需求，而不是为了刻意保持语言的多样性。为保护语言多样性而牺牲讲话人的权益，"惜语不惜人""重母语轻通用语"，这些在国外保护语言多样性的过程中暴露出的问题值得我们引起重视和反思（方小兵 2019）。因此，在弱势语言和濒危语言的保护过程中，我们应充分保障个人的语言文字使用自由，即个人有权放弃母语，选择学习和使用国家通用语言文字。对此政府应该予以尊重，并为其提供学习国家通用语言文字的条件。语言消亡是一种正常的社会现象，不能将人们放弃使用一些使用人口极少、语言活力极差的语言片面地断定为一种文化损失甚至"文化倒退"。个人选择使用符合自己需要的强势语言,"是为了融入更加广泛的社会,拓展个人的生存空间,更好地实现人生价值",从这一角度看是一种社会进步,有其必然性和合理性(道布 2018)。

其次,政府在加强宏观层面的统筹与引导的同时,还需全面考虑不同语言的发展情况与社会大众多样化的语言文字需求,在制定相关政策和措施时对其目标、范围、方法等方面进一步细化,突出针对性和可行性。例如,在保护方言和少数民族语言这一重要议题上,是所有的方言和少数民族语言都要保护,还是针对不同情况区别对待?实质上,语言资源保护应视语言具体功能状况有针对性地开展:濒危语言功能不可挽回,可采取的对策主要是抢救记录和延缓消亡;弱势语言功能普遍存在不同领域、不同程度的衰退,可通过政策辅助等措施改变其衰变途径(戴庆厦 2015)。再比如,外语教育语种平衡布局是要鼓励所有学生都来学习小语种,还是在小范围内通过开展专门的语言人才项目来实现?应当承认,目前社会上对英语、法语等通用语种人才的需求较多,因此外语教育学科仍应继续以培养这些通用语种人才为主要目标;对于一些小语种,尤其是使用人口数量极少的小国语言,政府可依托高校设立专门的语言项目,在小范围内培养专业人才,这样不仅可以避免当前高校盲目开设小语种课程而造成相关人才过剩的不利局面,同时也可有效地满足国家处理国际事务时对特殊语言人才的需求。总之,政府应根据实际情况进一步细化相关政策和措施,这样才能确保国家和谐语言生活建设得到切实推进。

最后,政府还应加快培育、扶持各类专业化的语言文字社会机构。它们可以协助政府制定各类政策和规范标准,从而形成科学决策,同时还能在国家与个人两个层面之间发挥"上传下达"的协调沟通作用,有效引导语言文字工作舆情。因此,未来政府应加快各类专业化的语言文字社会机构建设工作,鼓励和支持这些机构积极参与语言文字工作,为政府积极献言献策,传达相关语言文字工作精神。另外,政府还应在语言文字政策法规、标准规范制订的过程中建立完善详尽的评估制度,通过匿名评审、公开征询意见、社会调查等方式提高社会组织的参与性。这样不仅可以集思广益，为科学决策提供良好条件，同时还能为各类社会组织理性表达其观点和意见提供有效途径。这也有助于实现政府在语言文字工作中由"管理者"向"治理者"这一角色的转变，为国家和谐语言生活建设工作进一步奠定坚实的群众基础。

5.4.4　小结

国家语言和谐生活的建设，既关系到科学处理各类语言文字关系，在规定使用范围内充分开发、利用其语言资源价值，还涉及语言文字规范与发展两者之间的协调统一。在"语言资源观"的指导下，中国政府以传承弘扬中华文化、服务社会发展为导向，在发挥国家通用语言文字主导作用的前提下，保护、开发和利用少数民族语言文字、汉语方言、手语和盲文等语言文字资源，使"主体多样"的语言政策内涵得到了进一步丰富。另一方面，为应对不断变化的社会语言生活，中国政府通过及时修订语言文字规范标准、构建具备不同效力的规范标准体系、开展社会语言生活状况的监测与研究，有效引导了语言生活的和谐健康发展。

近年来，一些语言文字工作内容不时见诸新闻媒体，成为社会热议话题。如何处理好个人、政府及各类社会组织在国家和谐语言生活建设工作中的定位，满足不同社会群体的语言需求，成为和谐语言生活建设未来应着力解决的主要问题。展望未来，在切实保障个人语言文字基本权利的前提下，政府还应承担起主导作用，加强宏观统筹与规划，同时充分发挥各类语言文字社会组织的协同与沟通作用，引导各方面力量参与到国家和谐语言生活的建设工作中来，以此推动国家语言和谐生活健康有序发展。

5.5　结语

从本章的介绍可以看出，70余年来新中国国家语言核心能力建设取得了长足进步，普通话普及率明显提升，通用语规范标准体系逐步完善，语言文字智能化建设的自主化程度不断提高，各类语言文字资源价值也得到了深入开发与利用。之所以能取得这些成就，一方面得益于中国社会经济的快速增长，为国家语言核心能力建设提供了必要的人力、物力、资金等各方面的支持，另一方面也与中国政府一贯坚持以人为本的社会发展导向，始终以提升社会大众的语言文字水平、改变国民教育落后面貌为国家语言能力建设工作的最终目标密不可分。

不过，与一些发达国家相比，中国在通用语推广、语言文字智能化建设方面仍存在一定差距。此外，一些通用语规范标准的科学性和大众性尚待进一步提升；如何科学保护语言资源、培养多语能力等方面也有待深入探讨。未来政府仍应加大宏观统筹和规划力度，完善相应法律法规，增强各部门之间的协调与沟通，加快专业化的社会语言文字组织机构的建设，为国家核心语言能力的进一步发展奠定更加坚实的基础。

第六章
新中国国家语言战略能力建设

与国家语言核心能力不同，国家语言战略能力指处理涉外事务的语言能力，主要着眼于未来，具有前瞻性和长远性特点，是国家对外开放、维护国家主权、塑造国家形象、提升国家国际地位的支柱。根据国家语言能力新框架，国家语言战略能力分为国家外语教育、国家通用语国际拓展、国家语言人才资源掌控、国家对外话语表述四个维度（文秋芳 2019a）。本章将对新中国成立以来国家语言战略能力四个维度的发展情况逐一进行详细介绍，分析其未来面临的挑战及应对策略。

6.1 国家外语教育[1]

70 年来，新中国外语教育走过了不寻常的历程。国运兴衰决定着外语教育发展的荣枯。新时代赋予外语教育新使命。回顾过去，总结经验，展望未来，我们才能承前启后，砥砺奋进。在这一节我们将回顾与总结新中国外语教育 70 年发展的经验和教训，审视未来面临的挑战，提出应对策略，迎接新时代外语教育的腾飞。

---

1 本节部分内容曾以论文形式发表，参见文秋芳：《新中国外语教育 70 年：成就与挑战》，载《外语教学与研究》2019 年第 5 期。

外语界有学者曾对新中国成立 60 年和改革开放 40 年的外语教育发展进行过阶段划分（如胡文仲 2009；刘道义、郑旺全 2018）。借鉴已有成果，我们将中国外语教育发展划分为四个阶段：（1）探索期（1949—1977 年）；（2）发展期（1978—1998 年）；（3）加速期（1999—2011 年）；（4）新时期（2012 年至今）。

6.1.1　新中国外语教育发展阶段性特点

由于篇幅所限，下文从外语语种专业、外语专业人才培养目标、外语课程目标、外语教学内容、外语教学方法、外语教学手段六个方面逐一讨论上述四个阶段的特点。

6.1.1.1　外语语种专业的变化

探索期的外语专业主要是俄语和英语，20 世纪 60 年代增加了一些亚、非、欧国家的语言。在发展期，外语通用语种专业迅速增加，英语专业尤为凸显。改革开放后，国门打开，大批外资涌入，中外合资、外方独资企业如雨后春笋般涌现，就业市场上英语人才紧俏。20 世纪 80 年代末 90 年代初，中国开设英语专业的高校只有 300 多个，1998 年增加到 790 个（戴炜栋 2008）。在加速期，"英语热"继续升温。1999 年高校开始扩招，大批学校建立新校区，增设外语专业。与其他专业相比，英语专业报考生源相对充足，这是因为学校投入低、回报高。截至 2007 年底，全国已有 899 所高校开设了英语专业（何其莘 等 2008）。在新时期，"英语热"开始降温，"一带一路"建设促进了非通用语专业的发展。截至 2016 年，全国共开设 66 种非通用语专业，专业点 391 个，分布在 167 所高校（丁超 2017）。2018 年北京外国语大学已基本开齐与中国建交国家的主要官方用语专业，2019 年获批开设的外语语种数量达到了 101 种。语种数量的增加反映了国家培养新语言人才资源能力的提升，这是国家语言能力逐步增强的重要标志（文秋芳、张天伟 2018）。

6.1.1.2 外语专业人才培养目标的变化

外语专业人才培养服务于国家政治与经济发展,因此外语专业人才培养目标也跟随社会需求的变化不断扩大内涵。新中国成立以来,外语专业的培养目标逐步变得更全面、更合理(文秋芳 2002)。

在探索期,外语教育强调培养德智体全面发展的高级外语人才。所谓高级外语人才就是周总理提出的拥有三个基本功(政治思想、语言和文化)的"又红又专"的外语人才(付克 1986)。显然,这样的培养目标是应用性的技能型人才。在当时的社会背景下,外语人才供不应求,而大学新生的外语水平不高,要达到周总理提出的要求,教师和学生还要付出极大的努力。

发展期的前期仍旧以技能型外语人才为主,中期对复合型人才培养进行了有效探索,后期复合型外语人才的培养目标得到了政府和教育部文件的明确支持。1978 年改革开放初期,外语人才奇缺,外语专业毕业生不仅不用担心就业,且待遇还比其他专业好。20 世纪 80 年代,随着外贸企业、外资和合资企业的蓬勃发展,社会对外语专业人才培养提出了新要求,期待他们除了拥有高水平外语技能外,还能够掌握某个领域的专业知识。在这一背景下,1983 年、1984 年上海外国语学院和北京外国语学院分别试行复合型人才的培养(胡文仲 2014)。同期,一批中央和地方的重点理工院校率先开办了"科技英语专业"或"专门用途英语专业",培养复合型英语人才(秦秀白、吴古华 1999)。1998 年 12 月教育部高教司转发了《关于外语专业面向 21 世纪本科教育改革的若干意见》,进一步明确了复合型人才的内涵与模式。

加速期前一阶段,复合型人才培养目标持续得到推崇。截至 1999 年,中国已有 110 余所理工院校开设了英语专业(秦秀白、吴古华 1999)。2000 年颁发的《高等学校英语专业英语教学大纲》中清楚写明,培养目标是复合型英语人才。此后不少学者撰文对大纲中有关复合型英语人才的论述进行了解读和宣传,支持英语专业教学目标的转型(如黄源深

2001），也有学者担心如此复合，可能导致英语和专业双不强（如黄源深2001）。但2006年以后，学界陆续有学者提出，英语专业已经完成了培养复合型英语人才的历史使命，回归学科本位是当务之急（如胡文仲、孙有中2006）。催生学界产生这一观点的重要事件是英语专业本科教学工作评估。该项工作于2004年4月开始试点，2008年结束。何其莘等（2008）在总结评估时指出，英语专业总体发展健康，进步显著，但存在问题也很明显。其中两个问题都与培养目标有关系：第一，部分院校未开齐四门英语专业必修课（英美文学、英语国家文化、语言学导论、论文写作），或开课学时不足；第二，部分院校学生英语基本功较差，未达基本要求。对此，他们建议："外国语言文学专业有必要坚持'正本清源'，切勿违背本学科的内涵和发展规律"，外国语言文学专业最根本的内涵是语言和文学（何其莘 等2008：431）。

在新时期，学界并未对外语专业人才培养目标达成共识。2018年11月6日蔡基刚在《文汇报》上刊发了《英语专业是否是"对不起良心的专业"？复旦学者："病得不轻"》一文，认为"英语专业要成为对得起良心的专业，除少数高校继续保留英语语言文学方向（但必须精而少），大多数则要转型到专门用途英语方向，培养新工科的国际复合型人才。除此外，没有其他路可走"。这一观点引发了外语界热议。我们认为这一观点混淆了专业设置与培养目标选择。首先，文章错误地认为全国所有英语专业都以英语语言文学作为培养目标；其次，因为某些院校英语专业被撤销，就错误地认为几乎所有英语专业都应该停办或转型。目前，各校并未被学科名称所束缚，而是根据自身办学历史与现有条件实践多元人才观（文秋芳2014），即根据学生个性化需求和就业意向，培养不同类型的外语人才，既培养复合型外语人才，也培养专门外语人才，如口笔译人员、外语教师等，还为中国语言、文学、翻译与国别区域研究队伍输送后备力量。我们认为，在市场经济推动下，某些后期扩招的外语专业质量不达标，被社会淘汰，这是市场规律，它也同样适用于其他专业。外语专业人才培养目标应随时根据社会需求进行调整，千万不能一刀切。

6.1.1.3　外语课程目标的变化

四个阶段外语课程目标有所不同。探索期强调"双基",即基本知识、基本技能;发展期从强调"双基"过渡到培养交际能力;加速期从注重交际能力的培养转变到综合素质的提升;新时期从提高综合素质转变到学科核心素养的养成。我们对前面两个阶段的课程目标比较熟悉,这里主要讨论后两个阶段的课程目标。

加速期所说的综合素质培养涉及三个维度:知识与技能、情感态度与价值取向、学习过程与方法。学生的综合语言应用能力处于中心地位,即在培养学生的语言应用能力时,还要改变学生的情感态度,提高学生的文化意识,提升学生的语言知识、语言技能以及学习策略。这几个方面都要兼顾,所以叫"全人教育"。

新时期强调外语学科的四类核心素养。2018年教育部颁布的《普通高中英语课程标准(2017年版)》(以下简称《英语课标》)中对学科核心素养作了如下解释:(1)语言能力,这是基础要素,是核心;(2)文化意识,注重价值取向内涵,要求学生拥有坚定立场,同时要面向世界吸收多元文化的精华;(3)思维品质,强调学生的思维应具有逻辑性、批判性、创新性;(4)学习能力,这是发展前提,是动力(中华人民共和国教育部 2018)。学科核心素养具有迁移性、灵活性、跨学科性、跨领域性,不仅有利于学生未来的工作和生活,也有利于学生自己与他人相处;是可教、可学、可测、可量的行为,而不是抽象概念(褚宏启 2016)。

为了与中学外语学科核心素养相衔接,文秋芳(2018)提出了大学外语课程目标的关键能力培养,其中包括六种能力:语言能力、学习能力、思辨能力、文化能力、创新能力和合作能力。语言能力处于中心地位,是所有关键能力的基础,其他五种能力与语言能力交织在一起,相互联系、相互作用。在这六种能力中,前四种能力(语言能力、学习能力、思辨能力和文化能力)分别对应《英语课标》中的四种核心素养;后两种能力(创新能力和合作能力)是学生踏入社会、进入职场的必备能力。

6.1.1.4 外语教学内容的变化

探索期的外语教学内容以本土文化为主。当时的教材中有"馒头""油条"等词汇,还有《半夜鸡叫》等政治性强的课文。课外外语阅读材料只有《北京周报》《中国建设》,听力材料只有 *Radio Peking*。

发展期的教学内容以目标语文化为主,出现了"三明治""奶酪"等词汇,不少学校还直接使用国外引进教材,如 *New Concept English*、*Readers' Choice*、*Essential English* 等。不少学者写文章呼吁学习外语时,必须要学习、了解外国文化。如胡文仲在20世纪80年代初就指出:"语言是文化的一种表现形式,不了解英美文化,要学好英语是不可能的。反过来,越深刻细致地了解所学语言国家的历史、文化、传统、风俗习惯、生活方式以至生活细节,就越能正确理解和准确地使用这一语言"(胡文仲 1982:47-48)。这一观点对早期外语教学内容的纠偏有积极意义。

加速期开始重视多元文化的学习。进入21世纪,经济全球化的浪潮汹涌澎湃,宗教、文化冲突不断,欧美文化霸权凸显。多元文化如何能和谐共处,互相尊重、互相欣赏、互相促进、互相学习,又保持各自特色,成为世界各国教育所面临的新问题。在这一背景下,2001年联合国教科文组织第三十一届会议通过了《世界文化多样性宣言》。[1] 就英语教育而言,英语不再仅用于和英语本族语者沟通,而是世界不同母语者之间的通用语,因此只学习目标语文化已不符合时代要求。文秋芳和英国专家 Simon Greenall 合作编写的《新标准大学英语》就融入了世界各国的文化习俗、生活习惯和价值观念。教材通过选篇、实景视频、文化专题、文化注释、文化对比翻译练习以及专门的《文化阅读教程》等各种形式,培养学生对多元文化平和、开放、宽容的心态。

新时期从多元文化的学习转变为多元文化与本土文化并重,尤其强调本土文化内容,要求学生既能把世界介绍给中国,也能把中国介绍给世界。如《英语课标》中明确指出,"文化意识"是外语学科的核心素养,

---

1　详见 http://www.ihchina.cn/zhengce_details/15718(2019年7月14日读取)。

指"对中外文化的理解和对优秀文化的认同,是学生在全球化背景下表现出的跨文化认知、态度和行为取向"(中华人民共和国教育部 2018)。中国大学英语教育前几年就对文化教学内容进行了调整。例如,2015 年外语教学与研究出版社出版的《新一代大学英语》就遵循了双向文化交流的理念,认为英语教学的目标不能只要求学习者学习目标语文化,或单纯用英语传播中国文化,而是要求在比较视角下学会理解和欣赏中外文化的异同(王守仁、文秋芳 2015)。

6.1.1.5 外语教学方法的变化

教学方法的变化往往是叠加式的,新法可以与旧法并存,百花齐放、百家争鸣。总体上说,中国外语教学方法的变化经历了从引进与模仿到探索与创新的过程。

探索期早期的高校外语教学主要依靠苏联专家的指导,采用的是以课文为中心的精读和泛读教学法。自 1964 年开始,北京外国语学院率先引进了听说法,并编写了基于听说法的教材,"无论高低年级都出现了新的面貌,教学质量有了很大提高"(胡文仲 2009)。

发展期的高校外语教学仍旧以引进为主。1979 年广州外国语学院李筱菊开始试行交际法,1982 年将其作为中英合作项目,1987 年她编写的《交际英语教程》由上海外语教育出版社正式出版(李筱菊 1984,1987)。如今,我们重新阅读李筱菊当年撰写的有关交际法的文章,发现交际法的基本原则仍未过时。当年之所以未收到预期效果,根本原因在于当时中国广大英语教师本身的英语水平未能满足交际法的要求,很多人从未走出国门,也少有与外国人交际的真实体验。教师缺乏交际能力,如何能培养学生的交际能力?

与高校外语教学不同,中学外语教学自"文革"结束后就开始尝试本土化教学方法,其中影响最大的是张思中十六字教学法"适当集中,反复循环,阅读原著,因材施教"。这一方法在全国多地实验,收到了明显成效(胡春洞 1992)。

在加速期,教育部以大纲的形式在中小学大力推广任务型教学法,与此同时高校也出现了中国人自创的教学法。2001年教育部颁布的《全日制义务教育普通高级中学英语课程标准(实验稿)》首次在教学建议中"倡导'任务型'的教学途径,培养学生综合运用能力"(中华人民共和国教育部 2001:29)。在该课标推动下,任务型教学法逐步在全国外语课堂中得到运用。2000年广东外语外贸大学王初明带领团队尝试自创的"写长法"(王初明 等 2000)。该方法有两个特色:(1)提出新教学途径,在听、说、读、写中选择以写为突破口,以写促学;(2)建立全新评价体系,在量与质的评价标准中选择量为先,以量促质,在奖赏与批评的评价方法中,选择奖赏为主,以鼓励学习热情(文秋芳 2005)。

进入新时期,中国学者有意识地推广富有中国特色的教学法。王初明(2017)及其团队在发展自创理论的道路上一直前行,从"以写促学"发展到"以续促学",再到"续论",揭示了语言学习的核心机制,为外语教学设计各种"续"活动提供了理论依据。"以续促学"强调在完成任务的开头提供输入,然后开展"续写、续说、续译、续改"等各种"续"活动。这些"续"活动本质上就是"促学"。

同期,文秋芳带领的中国外语与教育研究团队经过十多年打磨,在理论和实践双向互动中,构建了"产出导向法"理论与实践体系(文秋芳 2015,2018)。多所学校已就这一方法开展教学实践。实践证明,该方法具有一定成效。现在除中国英语教学外,该法还应用于对外汉语教学(如桂靖、季薇 2018)和非通用语教学,例如罗马尼亚语(董希骁 2019)、僧伽罗语(江潇潇 2019)。

6.1.1.6 外语教学手段的变化

外语教学手段的变化最为明显。探索期教师上课用的是黑板、粉笔、挂图,到了1975年,课堂上难得才有一台非常笨重的台式录音机,一个班同学共用。发展期教师可用便携式手提录音机上课。20世纪80年代后期,师生可直接在语言实验室内上课。90年代后期,语言实验室数字化,教室装上了多媒体，有了多媒体自学中心，有的还有视频点播阅览室。几乎所有学生都拥有录音、收音一体的微型机，可以随时训练听力。课堂教学与计算机辅助教学的模式被明确写进 2004 年 1 月印发的《大学英语课程教学要求（试行）》中。到了新时期，多媒体教室逐步被智慧课堂所代替。课前，教师只需一键导入课程，就可轻松完成备课；同样，教师只需轻轻点击按键，即可让录播系统、光能黑板、交互大屏与物联设备等进入上课状态。上课期间，投屏共享可供教学演示，也可将学生的反馈实时同步。与此同时，学生每人都有与互联网连接的手机，录音、收音、阅读、观看视频，无所不能，泛在化外语学习已成为常态。2014 年 10 月 18 日外语教学与研究出版社正式发布 Unipus，这是集多种数字化材料为一体的网络外语教学平台，为广大教师和学生提供了丰富的外语学习资源，外语慕课、微课、测试库、备课材料等应有尽有，为外语教学提供了极大便利。

6.1.2 面临的挑战与对策建议

中国外语教育面临诸多挑战，此处我们只讨论以下两点。

6.1.2.1 来自语言智能技术的挑战

人工智能和大数据已给语言教育带来明显变化。形式多样的网络课程如雨后春笋般涌现。例如，本族语教师一对一在线课程语言地道鲜活，互动性强，针对性高，学习有效率。大数据支撑的智慧课程广受青睐，学习者根据电脑的测试成绩，选择学习级别，再通过后测成绩，决定学习材料难度和进度。这种个性化学习既灵活又方便，不受时间、地点限制。面临这些变化，教师的职业受到挑战，有人甚至怀疑外语教师将来是否会失业。我们认为肯定不会，因为外语教育的任务是培养全面发展的人，学生不仅要有熟练的语言应用能力，还要有正确的价值观、人生观和世界观，拥有良好的合作能力、人际沟通能力。这种高素质人才的培养必须通过面对面、心与心的交流。当然，外语教育工作者必须张开双臂，拥抱语言智能技术发展的新时代,以积极、开放的心态,尽快熟悉、掌握相关技术,将课堂教学与网络课程融合,将纸质教材与网络资源结合,将教师评价和机器自动评价相互补充,让语言智能技术助力外语教育,使教师有更多时间和精力从事创造性劳动。有一点可以肯定,未来不了解、不熟悉、不会使用语言智能技术的外语教师大都会被淘汰。

中国在语音识别和机器翻译的研究和运用上确实已经取得了显著成绩。语言智能技术已走进我们的生活,成为平民百姓出行和学习的助手,但我们并不能据此得出机器翻译可以代替人工翻译的结论,更不能否定国家对外语教育的投入。我们认为,凡涉及国家利益,需要人与人之间的情感交流来建立相互信任的关系时,仅借助翻译机器肯定达不到目标。从这个意义上说,机器永远不能代替外语人才,高端外语人才与人工智能将会长期共存。再说,学习外语已经不单是为了谋生,而是为了扩大视野、拓宽眼界,获得人的全面发展。

2018年12月24日首届"语言智能与社会发展"论坛在北京召开。40余位来自语言教育界、信息技术界、企业界、新闻界和政界的有识之士共同就语言智能与外语教育协同发展献言献策,并形成了《语言智能与外语教育协同发展宣言》,倡议教育界和技术界相拥相爱,停止相搏相杀(饶高琦 2018)。我们坚信语言智能技术将对未来外语教育的形态产生深远影响,但绝不会像机器人代替流水线上的工人一样,让外语教育失去存在的必要。我们应该高瞻远瞩,提前布局语言智能推动下的外语教育事业。

6.1.2.2 来自对"教育公平"误读的挑战

目前外语专业毕业生中低层次人才供过于求,而高层次人才极其匮乏。例如,中国缺少能够胜任联合国下属国际机构相关工作的高端复合型外语人才。这一类型的人才不仅要熟练掌握英法两门外语,而且还要有某个领域的专长,同时还需具备合作能力、沟通能力等综合素质。针对国家的这一需求,北京外国语大学设立了"英法双语+专业"实验班。该实验班具有以下特色：前置式预科培养；本硕贯通、学制六年；中外联合培养；多语种、跨学科融合式培养；培养实践创新能力；建设整合国内外优质教育资源、面向国家战略人才储备急需的高端人才培养平台。为此，我们经常受到质疑：这符合"教育公平"吗？

"教育公平"是社会主义教育的基本要求。党的十九大报告强调："努力让每个孩子都能享有公平而有质量的教育。"什么是"公平而有质量的教育"？我们认为杨九诠（2018）的解释有助于澄清人们对"教育公平"的误读。他提出"公平而有质量的教育"包括两种类型，一类以均等化为目标，另一类以多样化为目标。孔子的"有教无类"体现的是第一种"公平"，"因材施教"追求的是第二种"公平"。这两类"公平"不是相互替代的关系，而是重叠互补的关系。他还指出，人们往往容易理解第一类"公平"，而对第二类"公平"解释不透彻，易把这两类"公平"看成是相互对立的一对矛盾。例如，人大附中联合总校校长刘彭芝（2019）在"创新人才教育研究会2019年年会"上说道："当前，一些人有意无意地将英才教育、拔尖创新人才培养放到教育公平的对立面，误导公众。"

中国一直在平行推动这两类"公平"政策的实施。以高等教育为例，为了努力实现"均等化"的公平，中国高校建立了全覆盖的助学金制度，力求让农村和贫困地区的高中毕业生不要因为经济困难上不起大学。为了让这些地区的孩子有机会接受优质教育资源，从2012年起政府制定了各种类型的专项计划，要求地方和教育部重点院校按照一定比例招收来自农村和贫困地区的高中毕业生（王爱云2018）。为了追求"多样化"的公平，经国务院同意，2017年1月教育部、财政部、国家发展改革委印发了《统筹推进世界一流大学和一流学科建设实施办法（暂行）》。[1] 再如2018年9月17日教育部《关于加快建设高水平本科教育 全面提高人才培养能力的意见》中提出"教育部会同有关部门围绕高水平本科教育建设，加大政策支持力度，制定实施'六卓越一拔尖'计划2.0等重大

---

[1] 详见 http://www.moe.gov.cn/srcsite/A22/moe_843/201701/t20170125_295701.html（2019年7月14日读取）。

项目"等。[1]

在当今社会，发展是第一要务，人才是第一资源，创新是第一动力。拔尖创新人才对国家可持续性发展起着关键性作用。目前中国还有不少科技领域被西方大国"掐脖子"，我们在政治、外交、经济等领域领军人才匮乏，未来必须把培养拔尖创新人才放到国家发展的大格局中去考量，为高端外语人才的培养制定更好的政策法规，提供更宽松的实践环境。

6.1.3 小结

回顾中国外语教育走过的 70 年，社会办学也发挥了不可或缺的作用。例如，改革开放初期，中央电视台播放的 *Follow Me*（《跟我学》）（胡文仲 2018）以及各省市广播电台的外语节目，吸引了成千上万的业余学习者。此后，外语教育的商业市场呈爆发式增长，1993 年创办的"新东方"和 1994 年兴起的"疯狂英语"都是中国重要的语言产业。我们只是抓取了外语教育体制内的重要事件，描述中国外语教育 70 年发展历程的概貌，难免挂一漏万、以偏概全。

2011 年 8 月第十六届"世界应用语言学大会"在北京外国语大学成功举办，这标志着中国外语教育正迈步走向世界。未来虽有困难与挑战，但前途充满希望。我们坚信，中国外语教育在学界、政界和社会各界密切互动中，一定会发展得更健康、更规范、更具创新性，必将对中华民族的伟大复兴和人类命运共同体的构建作出更杰出的贡献。

6.2 国家通用语国际拓展

国家通用语言文字的国际地位与影响力是一个国家语言能力强弱的显性标识之一，在维护国家主权、塑造国家形象、提升国家国际地位等方面起着重要的推动作用。文秋芳（2019a）在其国家语言能力新理论框架中

---

[1] 详见 http://www.moe.gov.cn/srcsite/A08/s7056/201810/t20181017_351887.html（2019 年 7 月 14 日读取）。

首次提出"国家通用语言文字国际拓展能力"这一概念,以此指称"政府能否在国际上有效提升国家通用语言文字的地位并达到预期效果"的相关能力,并将覆盖面、科学性和影响力列为衡量其发展水平的三个关键指标:覆盖面指能够涵盖多少国家和地区;科学性指拓展能力的提升是否符合内在规律性,是否符合社会要求;影响力指在多大范围内产生正面、积极的效果。本节将分别从覆盖面、科学性、影响力这三个方面对新中国国家通用语言文字国际拓展能力(以下简称"国家语言拓展能力")建设工作进行考察与分析。

6.2.1 发展现状

新中国成立以来,国家语言拓展能力在广度和深度上呈现出跨越式发展(张天伟 2020)。从覆盖面来看,面向国际社会的中文教学工作得到了长足发展,标志着中国国家语言拓展能力建设达到了前所未有的广度和深度;从科学性来看,中国政府根据国内外形势的发展,有针对性地采取了多种措施推动国家语言拓展能力的建设,满足了不同时期国际社会对中国国家通用语言文字的使用需求;从影响力来看,许多国家(地区)将中文列为关键性、战略性语言并纳入当地的国民教育体系,同时越来越多的国际组织也把中文列为官方语言,中文的声望和地位得到了明显提高。

6.2.1.1 覆盖面

对外开展语言教学是提升国家语言拓展能力最主要的途径,其发展水平直接反映了国家语言拓展能力建设所覆盖的广度和深度。新中国成立以来,政府开展了面向来华留学生的对外汉语教学和以孔子学院为平台的国际中文教育,同时还积极帮助海外华侨华人开办海外华文教育,有力推动了中文在世界各地的传播。

新中国对外汉语教学工作始于 20 世纪 50 年代。1950 年清华大学成立了"东欧交换生中国语文专修班",这是中国最早从事对外汉语教学的专门机构。受限于当时的经济发展水平,直到 20 世纪 70 年代末,中国来华留学生的规模一直都比较小，来源国（地区）也比较单一（吕必松 1989）。改革开放后，随着中国国力的提升，来华留学生数量猛增，来源国（地区）也呈现多元化。据教育部公布的数据显示，2018年共有来自196个国家（地区）的492,185名各类外国留学生在全国31个省（自治区、直辖市）的1004所高校学习，其中亚洲留学生占59.95%，非洲留学生占16.57%，欧洲留学生占14.96%，美洲留学生占7.26%，大洋洲留学生占1.27%；接受学历教育的留学生总计258,122人，其中硕士和博士研究生85,062人，比2017年增长12.28%。[1] 来华留学生，尤其是接受高学历教育的留学生人数的快速增长，说明对外汉语教学培养的汉语高级人才规模正在不断扩大。这为推动中外语言文化交流、促进中国和其他国家协同互信奠定了坚实的基础。

进入21世纪后，为了满足日益增长的中文学习需求，在继续做好国内对外汉语教学工作的同时，中国从2004年起开始在海外设立孔子学院，为世界各地的中文学习者提供教学服务。自2004年第一所孔子学院揭牌，短短十余年时间中国已在海外成立了数百所孔子学院和上千个孔子课堂，遍布全球五大洲一百多个国家（地区）。在孔子学院和孔子课堂学习中文的海外学生人数也在不断增长。据统计，截至2018年底，海外孔子学院各类面授学员达186万人，网络注册学员达81万人；与2017年相比，面授学员人数增长9%，网络注册学员人数增长31%（张天伟2020）。随着孔子学院全球布局不断推进，中国国家语言拓展能力的覆盖面也得到了前所未有的扩大，中文在世界各国的传播速度进一步加快。

海外华文教育历史悠久，主要由世界各地华人社团出资兴办。新中国成立以来，中国政府高度重视海外华文教育事业的建设，通过选派教师、编写教材、培训华文师资、举办海外华裔青少年夏令营等各种措施支持海外华文教育的发展。据统计，如今有6000多万华侨华人分布在世界近200个国家（地区），开设各类华文学校近2万所，在校华裔和非华裔

---

[1] 详见 http://www.moe.gov.cn/jyb_xwfb/gzdt_gzdt/s5987/201904/t20190412_377692.html（2019年11月13日读取）。

学生数百万人；华文学校基本覆盖了整个基础教育阶段，在马来西亚、菲律宾等国甚至延伸到了大专及以上层次（国家语言文字工作委员会 2017：118）。海外华文教育在世界各地的生根与发展，对当前开展的国际中文教育形成了有力的补充，为传播中华语言文化、促进中国与所在国的友好发展作出了重要贡献。

6.2.1.2 科学性

新中国成立以来，政府根据不同时期国内外的发展形势，适时采取了相应措施来提升国家通用语言文字的国际地位和影响，充分体现了国家语言拓展能力建设的科学性。限于篇幅，下文将按照时间顺序，分别选取国际文字体系转写标准的制定、国际互联网络中文信息资源的开发、国际中文教育的推广这三个方面进行简要介绍。

新中国成立后，维护国家主权、构建新中国形象，成为外交工作的一项重要任务。由于民国政府时期"国语"及对应的拼音字母并没有得到大范围的推广和普及，国际社会在用罗马字母转写汉语中的人名、地名等词语时标准不一，这为提升中国国家通用语言文字的国际影响、宣示中国主权提供了契机。中国政府在《汉语拼音方案》的基础上，创制并推动国际组织颁布了相应的文字转写国际标准，在国际社会产生了良好的影响：1977 年联合国第三届地名标准化会议通过了在中国专家组拟订方案上形成的《联合国第三届地名标准化会议关于中国地名拼法的决议》，建议采用汉语拼音作为中国地名罗马字母拼法的国际标准；1979 年联合国秘书处发布《关于采用"汉语拼音"的通知》，决定将汉语拼音作为在各种拉丁字母文字中转写中国人名和地名的标准；1982 年国际标准化组织发布《文献工作——中文罗马字母拼写法》，汉语拼音正式成为拼写汉语的国际标准（苏培成 2010）。至此，罗马字母与中文之间的转写开始有了明确、统一的国际标准，极大地方便了中外国际交流。

进入 20 世纪八九十年代后，全球开启了互联网时代。如何创造网络信息资源，在促进国际网络信息互通的同时掌控相应的网络话语权，成为这一时期国家语言拓展能力建设的一个重要任务。为此，中国政府积极参与了国际标准化组织 1993 年发布的国际文字编码标准 ISO/IEC10646 字符集的扩充工作，制定了《信息处理用 GB13000.1 字符集汉字部件规范》《信息技术 信息交换用汉字编码字符集基本集的扩充》等汉字编码字符集，为中文信息在国际互联网上的传播与交换提供了保障。与此同时，在政府部门的引导与支持下，汉字输入、输出、显示等文字层面处理技术逐渐成熟，语音和文本处理、机器翻译、知识图谱等语言层面处理技术也取得了重要进展，较好地满足了国内大众与海外华人汉字信息化处理的日常需求，丰富了国际互联网络空间的中文语言生活（国家语言文字工作委员会 2017：29-35）。这些举措，缩小了中国与世界发达国家之间的"数字鸿沟"，使国家通用语言文字在国际网络中的信息资源创造力与话语权得到了提升。

随着中国经济的快速腾飞，世界各地希望了解、学习中国语言文化的人越来越多。为了更好地应对这一新的发展形势，从 2004 年起以孔子学院为平台的国际中文教育全面开展，成为 21 世纪国家语言拓展能力建设的一大亮点。与以往的对外汉语教学工作相比，国际中文教育主战场在国外，在发展战略、工作重心等方面呈现出六大转变："一是发展战略从对外汉语教学向全方位的汉语国际推广转变；二是工作重心从将外国人'请进来'学习汉语向汉语加快'走出去'转变；三是推广理念从专业汉语教学向大众化、普及型、应用型转变；四是推广机制从教育系统内推进向系统内外、政府民间、国内国外共同推进转变；五是推广模式从政府行政主导为主向政府推动的市场运作转变；六是教学方法从纸质教材面授为主向充分利用现代信息技术、多媒体网络教学为主转变"（许琳 2007）。这些转变突破了对外汉语教学局限于来华留学生的传统模式，有助于更好地满足世界各地日益增长的汉语学习需求。从更深层次的意义来说，以孔子学院为平台开展国际中文教育这一举措符合语言文化推广的内在发展规律，为实现国家语言拓展能力建设与中国不断上升的国际地位与影响相匹配提供了一条科学发展路径。综观英国、法国、德国等国家，它们都设立了自已的国际语言推广机构,通过开展语言教育、文化推广等活动来提高本国在国际社会的地位和影响力,如英国的英国文化教育协会、法国的法语联盟、德国的歌德学院等。因此,设立孔子学院顺应了国内外发展的新形势,是新世纪推动国家语言拓展能力建设的科学之举。

6.2.1.3 影响力

在中国国际地位日益提高的历史背景下,国家语言拓展能力建设产生了深远的影响,一个突出表现是中文被越来越多的国家视为关系到未来发展的关键性、战略性语言,并纳入当地的国民教育体系。据统计,已有近70个国家(地区)通过颁布法令、政令等形式将中文教学纳入国民教育体系,这些国家(地区)既包括美国、英国、德国、加拿大、法国等欧美国家,还包括毛里求斯、坦桑尼亚、喀麦隆、赞比亚等非洲国家(黄彩玉2019)。以英国为例,2013年英国文化教育协会发布研究报告《未来的语言》(*Languages for the Future*),首次明确将中文列为关系到未来20年英国社会经济发展最为重要的十种战略性语言之一,其他语言分别是西班牙语、阿拉伯语、法语、德语、葡萄牙语、意大利语、俄语、土耳其语和日语(British Council 2013)。随着中文的重要性被英国各界所承认,中文被视为"全球性战略语言""明日语言",并成为英国最为热门的外语之一:作为学校开设外语课程的"主要候选语言之一",英国现有500所中小学开设了中文课程,一部分学校已经把中文列为必修课(张治国2016:3-23)。2016年,英国教育部还宣布将斥资1000万英镑实施新的中文卓越项目,从新学年开始在全国各中学推广,以保证在2020年前至少有5000名青少年能够流利地讲中文(赵芳2016)。

此外,随着中国国际地位和影响力显著上升,中文被越来越多的国际组织列为官方语言,这也从侧面反映了中文的国际影响力在不断提升。1973年,联合国大会将中文列为联合国工作语言之一,这是中文第一次获得国际组织官方语言的身份。此后,在中国不断加大多边外交力度、组建并参与多个国际组织和会议的历史背景下,中文成为更多国际组织的官方语言，包括国际原子能机构、世界贸易组织、上海合作组织等，中文的"知名度"得到了进一步提升。

6.2.2 存在的问题

中国国家语言拓展能力建设虽然一直在稳步推进，中文国际影响力得到了不断提升，但现阶段仍面临不少挑战。首先，国家语言拓展能力建设涉及多个部门、多种举措，各部门之间的协同合作与各类举措的统筹优化有待加强和完善。其次，英语、法语等传统强势语言在国际社会仍占有相当大的优势，对中文交际功能的扩展形成了"挤压"。此外，近年来一些国家开始有意干预中文的国际传播，给中国国家语言拓展能力的发展带来了不稳定因素。

国家语言拓展能力建设是一个系统工程，涉及多个部委行政机构。目前，中国尚未建立提升中文影响力的部际协调机制，各部门之间管理"碎片化"现象较为突出。例如，国际中文教育工作由教育部中外语言交流合作中心和国际中文教育基金会合作开展，海外华文教育事业由统战部和国侨办支持推动，与中文相关的国际标准的制定由教育部和国家语委负责组织，中文网络信息资源的创造更是涉及科技部、工信部等多个部门。协调机制的缺乏，直接导致了各部门相关工作"条块分割"，无法有效形成合力。另一方面，国家语言拓展能力建设过程中采取的各项举措受重视程度不一，未来也亟须进行统筹优化。例如，近年来相关部门的精力主要放在了海外中文教学上，国际中文教育受到空前重视，面向来华留学生的对外汉语教学出现被矮化和边缘化的倾向，缺乏相应的强有力管理和领导（李泉 2019）。再例如，信息处理技术一直都是社会关注的焦点，而如何提升中文网络信息资源的产出和质量却往往被忽略，面向海外华人和外国人的中文网络信息资源更是极度匮乏，严重制约了中文在虚拟空间语言生活中的影响力。

英语、法语等传统国际强势语言的兴起已有数百年的历史。相比之下，全球学习中文的热潮在改革开放后才逐步形成，中文的声望与地位与这些传统国际强势语言之间仍有不小的差距，在国际政治、经济、文化交流中的使用一直受到较大的限制。例如，中文虽然近年来被越来越多的国际组织列为官方语言，但从总的使用比率来看仍然远远低于英语、法语等语言。有学者对部分国际组织官方语言使用率进行了调查，发现使用率最高的十大语言从高到低依次是英语、法语、德语、西班牙语、意大利语、阿拉伯语、葡萄牙语、瑞典语、俄语和丹麦语；中文在国际组织的使用率仅有0.26%，而英语的使用率高达88.41%（张治国2019）。此外，在科学论文发表、网络文本撰写、翻译图书出版等领域，中文的使用也明显受到了英语等语言的限制：世界三大引文索引数据库（SCI、SSCI、A&HCI）收录的论文绝大部分都是使用英文、德文、法文、西班牙文发表，中文论文在三大引文索引数据库中所占据的比率均不到1%；英语网民数量第一，中文网民数量第二，但中文网络文本覆盖率只排第九；英语、俄语、法语等强势语言在整个世界的翻译网络中各自形成了几个大轴心，而中文"所系联的语言较少，且主要是中国的一些民族语言"（李宇明2018）。

除了中文与英语等传统国际强势语言之间激烈的竞争关系外，近年来部分国家以意识形态为借口渲染"中国威胁论"，从经济、军事、文化等各方面遏制中国的发展，这也给中国国家语言拓展能力的建设造成了一定的冲击。以美国为例，自2014年起，美国的一些组织和机构就开始不断发表关于孔子学院的负面言论和相关报告，要求合作办学机构终止与孔子学院的协议，在此压力下一些高校陆续宣布与孔子学院停止合作。2018年8月13日，美国总统特朗普签署《2019财年国防授权法案》(*National Defense Authorization Act for Fiscal Year 2019*)，首次以法案的形式明确规定对孔子学院进行打压。该法案将中美关系定义为一种长期的战略竞争关系，除了禁止特定企业使用华为和中兴公司的通信技术，加强与澳大利亚、日本等国的军事合作关系以对抗中国在亚洲日益增长的影响力等限制性条款外，还首次明确规定任何承办孔子学院的教育机构将无法获得联邦经费的资助。[1]

---

[1] 详见 https://www.congress.gov/115/plaws/publ232/PLAW-115publ232.pdf（2019年11月15日读取）。

在美国政府的干预下，至今已有多所美国大学宣布关闭孔子学院，未来预计还将有更多的美国大学被迫宣布终止与孔子学院合作办学。在美国的带动下，近年来瑞典、澳大利亚、比利时等国的部分高校也宣布终止与孔子学院合作，这给孔子学院在全球的发展前景带来了一定的负面影响。

6.2.3 对策与建议

机遇与挑战并存将是未来中国国家语言拓展能力建设过程中的常态。要想解决当前阶段存在的种种困难，推动国家语言拓展能力建设更上一个台阶，我们认为还需从以下三个方面入手：一是加强顶层设计，完善体系和法制建设；二是全方位提升中文交际功能，推动新旧举措齐头并进；三是改革办学理念，加快孔子学院转型。

加强顶层设计，主要是建立行政治理体系，同时完善相关法律法规，为国家语言拓展能力建设提供切实保障。在行政治理体系方面，可由管理国家语言文字事业的专职部门国家语委牵头，联合各行政机构、社会团体建立部际协调机制，着眼当前国内外发展新形势，加强调研和合作，统筹推动国家语言拓展能力的建设。语言文字工作部际协调机制有过先例，例如 2012 年国家语委联合中央编译局、外交部、教育部等共 10 个部门和单位组成了外语中文译写规范部际联席会议专家委员会，统筹协调外国人名、地名和事物名称等专有名词的翻译工作（教育部语言文字信息管理司 2013：57）。现阶段一些部门对"国家语言拓展能力"这一概念还没有形成明确的认识和充分的重视，建立类似的部际协调机制既可以引起广泛重视，推动工作的开展，同时也能为这些部门做好国家语言拓展能力建设提供政策、智力等方面的支持。在法律法规方面，中国应制定中文在国际组织、会议以及科研等领域的使用规定和条例，鼓励、要求在相关场合或领域优先使用中文。如法国 1994 年通过的《杜蓬法》(*Toubon Act*，又称《法语使用法》）就规定教育、媒体、科学等领域必须使用法语，并对违规行为加大了处罚力度，通过扩大强制性使用法语的范围保证语言国际推广的顺利实施（刘洪东 2014）。中国也应借鉴此类做法，使国家语言拓展能力建设有章可循，有法可依。

在加强顶层设计的同时，我们还需在实际生活中统筹规划各项举措，全方位提升中文交际功能。一方面，要充分重视现有各项举措所特有的价值和作用，争取在各个领域同步推进国家语言拓展能力建设，做到坚持国际中文教育与对外汉语教学、海外华文教育并重，坚持中文现实语言生活建设和网络语言生活建设并重，坚持中文信息处理技术开发与中文信息资源创造并重等。只有兼顾并落实好现有各项举措，才能更好地满足国际社会对于中文的语言需求，实现国家语言拓展能力建设全面健康发展。另一方面，我们还要加强对国家语言拓展能力建设的"空白地带"的分析和研究，用开创性的新思维和新举措扩大相关工作的覆盖面和影响力。例如针对学术发表领域的语言使用问题，可在国内建立中文首发或中英同步刊发创新科研成果的制度，以此提升中文的知识创新力和在世界学术领域中的影响力（文秋芳、张天伟 2018：12）。再比如随着中国对外开放力度的加大和"一带一路"倡议的实施，海外新侨民和在当地工作的中国人数量增长迅速，我们可以借鉴英美等国的做法，在这些侨民和中国人的聚居区建立海外中文国际学校，这样既能方便这些人员的子女接受中国国民教育，同时也可作为在当地传播中华语言文化的一个窗口。加强对这些"空白地带"的利用和开发，将极大地提升国家语言拓展能力的发展空间。

改革办学理念，主要是调整孔子学院的全球布局和运营机制，通过转型以应对当前面临的外部政治环境的干扰。从孔子学院在世界各地的分布来看，欧洲和美洲的数量最多，非洲的数量排名倒数。与孔子学院数量这一差异形成明显对比的是，欧美等国以"中国威胁论"限制孔子学院发展的声音最多，而非洲各国对孔子学院的设立普遍持友好态度。这一矛盾充分表明，现阶段对孔子学院的全球布局和运营机制进行调整已经势在必行。在全球布局上，我们认为应根据新形势适当控制一些发达国家孔子学院的数量，甚至"容忍"个别孔子学院的关闭，同时加大非洲各国和"一带一路"沿线国家孔子学院的建设，为当地与中国日益频繁的经济、文化交流提供语言服务。在运营机制上，我们需要借鉴欧美等国语言推广机构的做法，以基金会主导的形式对孔子学院进行管理，规避政府操作行为的风险，消除人们对孔子学院官方色彩的偏见；欧美等发达国家的孔子学院应取消"非营利机构"这一定位，逐步向市场化教育机构转型，对经济落后的非洲等地区的孔子学院则可以继续加大各方面的支持力度。未来既要根据国内外发展形势对孔子学院布局进行动态调整，也要针对不同国家（地区）采用灵活化的运营模式，只有这样才能实现孔子学院继续平稳发展。

6.2.4 小结

新中国成立以来，中国国家语言拓展能力有了巨大发展，这一成就是与新中国综合国力的提升紧密相连的。新中国社会经济的快速发展，为国家语言拓展能力建设奠定了坚实基础。在这一历史背景下，我们才有条件迈出国门，在国际社会更加主动地开展相关工作。但在现阶段，中国国家语言拓展能力建设与中国迅速上升的国际地位与影响力仍不相匹配，一些行政部门对"国家语言拓展能力"这一概念缺乏明确的认识和应有的重视，部门之间的沟通合作也有待加强；英语、法语等传统国际强势语言的影响与外部政治环境的干扰也对中文交际功能的提升形成了一定的限制。

当前阶段面临的各种挑战，尤其是来自外部政治环境的干扰，将是未来国家语言拓展能力发展过程中的一种常态，因为中国国际地位和中文国际影响力不断提升，必然会引起一些国家的猜测和疑虑。要想更好地应对这些挑战，抓住新世纪国家语言拓展能力建设的大好机遇，当前我们应建立国家语言拓展能力建设行政治理体系，并提供相应的法律法规保障；全面推进现有的各项举措，同时针对建设过程中的"空白地带"提出新思路、新举措，为提升中文交际功能找到新的发展空间；适当调整孔子学院的全球布局，推进孔子学院向市场化机构转型，灵活规避政治风险。

6.3 国家语言人才资源掌控

随着从本土型国家逐步转变为国际型国家,中国参与国际政治、经济、军事、外交等事务的范围在不断扩大,国家利益也随之在世界范围内有了明显拓展。语言是维护国家政治、军事、经济、文化、科技和信息等诸多领域和利益的关键武器,也是维护国家安全、社会稳定的重要利剑。从这个意义上说,语言人才资源也是国家战略资源的重要组成部分。一个国家能否掌控并有效使用国家的各种语言人才资源,不仅是衡量国家语言能力的一个重要维度,同时还是反映国家核心竞争力和国家软实力发展水平的一个重要标志(文秋芳 2019a)。国外一些发达国家在语言人才资源掌控能力建设上起步较早,往往通过定期调查语言资源和建立语言资源数据库等手段来掌握使用这些语言资源的人才数量及分布信息;中国政府在这方面已经开始采取措施,但存在的问题依旧非常突出(文秋芳、张天伟 2014)。在这一节,我们将以语言人才资源中最为重要的外语人才资源为例,简要分析中美两国外语人才资源掌控能力建设现状,着重介绍近年来中国外语人才资源掌控能力建设的一个重要举措——"国家外语人才资源动态数据库"的建设情况,并在此基础上对未来如何推动国家语言人才资源掌控能力进一步发展提出相关建议与对策。

6.3.1 外语人才资源掌控能力建设背景

随着世界经济全球化和一体化的发展,外语人才资源成为国家的重要战略资源,既是国家核心竞争力的一部分,也是国家软实力的重要体现(李宇明 2010;文秋芳 等 2011)。对国家外语人才资源掌控的程度是衡量国家外语能力的重要指标,而掌控外语人才资源最有效的手段是建立动态数据库。

世界上拥有国家外语人才资源动态数据库的国家数量不多,美国是比较突出的一个,不仅拥有面向社会的外语人才资源库,而且拥有专业性很强的军队外语人才资源库。从 1958 年开始,美国教育部委托现代语言协会（Modern Language Association，该民间学术组织成立于 1883 年）定期开展外语人才资源调查，还利用国家人口普查数据建立美国语言资源动态数据库。该数据库能够提供全美各州 4700 万掌握各种外语的人员的分布及背景信息，并可供网上自由查询。[1] 通过该数据库，可以查到每个州、每个区、每个城、每个县使用某种语言的人数；可以比较两个州、两个区操说同一种语言的人数比例；可以比较不同年龄段的语言分布情况；还可以比较不同年份的语言分布情况。当国家处理与外语有关的事件时，可以随时通过该数据库迅速查找和调用所需要的外语人才及其相关信息（文秋芳 等 2011）。除了民间语言资源库以外，美国国防部还拥有一个跨军种的语言备战指数系统。该系统可以进行供需分析，发现全军在外语资源上的差距。高层领导可以通过此系统评估外语资源的风险、考察减低风险的措施，对未来作出更好的决策。同时它也是一个搜索工具，能够快捷地查找所需的外语人才，结果可用 WORD 或者 EXCEL 形式输出。美国语言地图和美军语言备战指数系统对于促进美国国家利益的海外拓展和综合国力的增强起到了不可或缺的作用（文秋芳 等 2011；文秋芳 2011b）。

与美国相比，中国对外语人才资源的掌控非常薄弱。中国既没有面向社会的外语人才资源库，更没有军方专有的外语人才资源库。新中国成立以来，中国政府分别在 20 世纪 50 年代与 90 年代组织过大型语言调查，但外语资源信息却不在其中。对于中国目前的外语资源分布、各语种年度招生信息、现有外语教师人数等，至今未见官方的统计数据，文献中出现的数据（如 2008 年上海外语教育出版社推出的"改革开放 30 年中国外语教育发展丛书"中列出的数据）均来源于国内各外语教学研究会提供的粗略数字（文秋芳 等 2011；文秋芳 2011b）。

在注意到中美两国语言人才资源掌控能力建设的现实差距后，文秋芳等（2011）首次撰文提出国家外语能力的定义及其存在的三种形式，即潜在能力、现实能力、未来能力，明确指出将潜在能力转化为现实能力的关

---

[1] 详见 http://arcgis.mla.org/mla/default.aspx（2019 年 5 月 19 日读取）。

键在于国家对外语人才资源的掌控，而掌控外语人才资源最有效的手段是建立动态数据库；接着对比了中美两国在国家外语能力上的差异，呼吁中国政府投资建设国家外语人才资源动态数据库。与此同时，文秋芳（2011a）提交了《关于提升我国国家外语能力的思考与建议》咨询报告，后被政府采纳为"专家建议"，其中也将建设国家外语人才资源动态数据库作为最重要的议题进行了阐述。总的来说，建立国家外语人才资源库的意义主要有如下三点。

6.3.1.1 有利于更有效地调用国家的外语人才资源

中国正面临着前所未有的重要发展机遇期。近年来，中国迅速崛起并融入经济全球化进程，已成为世界第二大经济体，外汇储备世界第一、国民生产总值世界第二、出国旅游人数世界第二、石油消费量世界第二、贸易总额世界第三。随着经济的发展，中国的安全、政治和文化利益都正在全球拓展。需要运用外语处理的突发事件频频发生，例如索马里海盗事件、利比亚撤侨行动、中国工人在苏丹被劫持事件等。有了外语人才资源动态数据库以后，政府就能够更有效地调用所需资源，解燃眉之急。

6.3.1.2 有利于更及时、恰当地规划国家外语人才资源的开发

目前中国政府缺乏对外语人才资源开发的长远规划。一方面，由于高校外语专业设置权和招生权下发到省级政府，全国外语专业的设置数量和招生人数似乎有点失控。例如英语专业在最近十年内激增了三到四倍，日语、朝鲜语/韩语、阿拉伯语等非英语专业也在无序增加。由于缺乏全局指导，外语专业毕业生数量猛增，就业困难。另一方面，国家特别急需的非通用语专业数量明显不足，增加速度又很缓慢，与世界主要国家相比，差距明显。例如：美国哈佛大学开设了90多个语种；英国伦敦大学，80多个语种；法国国立东方语言文化学院，90多个语种；俄罗斯莫斯科大学，120多个语种；日本东京外国语大学和大阪大学，60多个语种（陈雨露

2011);而直到 21 世纪初中国所有大学开设语种的总数只有 60 种左右。可以推断,一旦拥有国家外语人才资源动态数据库,教育部就可以对国家外语人才资源的家底有更清晰、准确的了解,制定出更加符合国家战略需要的外语人才资源开发规划。

6.3.1.3 有利于补充、完善国家外语能力的理论

目前中国对国家外语能力的理论研究还处于起步阶段。对国家外语人才资源动态数据库的建设与研究,将进一步完善国家外语能力的理论体系,特别是通过对各子数据库的个案研究及各子数据库所收集信息的反馈,能够检验国家外语能力的理论框架并弥补其不足,有利于对国家外语能力理论的内涵和外延进行更深入的研讨,对其各组成要素之间的关系进行更清晰的界定与阐述。

6.3.2　国家外语人才资源动态数据库的建设

在以文秋芳为代表的国内学者的努力下,2012 年国家社科基金重大项目"国家外语人才资源动态数据库建设"获批,标志着中国语言人才资源掌控能力建设迈出了实质性的一步。课题组深入考察了美国对国家外语人才资源的调查和发掘,对外语人才资源库的研制与开发,国家、社会和军队各方面对外语人才资源的利用情况,以及外语人才资源对于国家安全、经济社会发展和教育政策等方面的作用,并在此基础上进行了深入的分析研究,为项目的开展提供了数据库建设参考。此外,课题组与教育部等政府相关部委以及一些地方相关部门进行了沟通,在详细了解其需求的基础上,抽样式地开展了社会外语人才需求调查。

数据库所搜集的外语人才被定义为:具有用中文和某一门(或几门)外文顺利进行口头和书面交流的专业型和应用型人才。因为需要根据各高校外语人才资源动态发展定期进行更新,因此数据库的建设是一个长期的过程,一般两年左右进行一次中短期动态的更新,五年以上进行一次中长期动态的更新。项目第一期建设的是"全国高校外语师生库",分为高端

人才数据库和普查数据库两个主要部分，主要通过教育部指导、数据库平台、地区调研和个案分析等进行动态数据库构建。数据库的用户大体可分政府部门、机构等超级用户和社会各界一般用户。出于数据保密等安全性的考虑，课题组将根据用户确定数据库的使用形式和使用范围，一般数据在网络上向全社会公开。目前，数据库主要包含以下三个子数据库的建设。

6.3.2.1 全国外语专业人才库

全国外语专业人才库的建设具有高校外语专业人才普查的性质，能够全面展示中国高校外语专业教师队伍现状（如语种分布、年龄梯队、专业方向结构等）以及人才培养的相关情况（如招生规模、地域分布、性别比例等），为相关部门制定、调整外语专业人才培养规划提供依据。

为了服务于普查的目的，全国外语专业人才库的建设拟采集全国约1000所普通本科高校和独立学院外语专业教师与在读学生的相关信息。在信息采集过程中，该子数据库首先需要对人才情况进行分类和界定，并针对相应的具体情况确定采集信息的结构。例如：教师和学生两类群体的采集信息是否应有所差别？英语专业和非英语专业的教师和学生的信息是否应有所差别？信息采集的细致程度是否需要在不同类院校（如一本、二本、三本等）间有所区分？对重点院校（如985、211院校）及外语院校中具有潜在可能进入高校高端外语人才动态数据库的人员是否需要采集更详细的信息？少数非通用语种人才相对较少，有的甚至全国高校只有寥寥几个教师和学生，那么对这些人才信息的采集是否要采取特殊的方案？基于以上考虑，为确保采集到的信息"详略适度、好用、管用"，全国外语专业人才库第一期建设首先采用个案研究的方法，选择了1所综合类院校、1所行业类院校、1所外语类院校进行深入研究，以建立起全国外语专业教师库和学生库的框架与全国外语专业人才库的信息结构。在此基础上，该子数据库在后期建设过程中将分六大区（东北、西北、华北、华东、西南、中南）收集录入各高校外语人才的信息。

6.3.2.2 高校高端外语人才动态数据库

建设高校高端外语人才动态数据库为的是服务国家战略,即时为政府提供急需外语人才资源,维护国家在全球的各种利益。基于这一目的,进入该库的外语人才必须具有能运用外语从事某个领域工作的能力。全国有近千所高校,为了提高工作效率,高校高端外语人才动态数据库首先将筛选的范围限制为 100 多所 211 学校和未进入"211 工程"的外国语大学。在现在进行的第一期建设中,课题组选择了 3 所具有代表性的大学进行个案研究,以最终确定衡量高端外语人才的标准。

高校高端外语人才动态数据库包括英语高端人才数据库和非英语高端人才数据库两个子库。数据库拟先建设非英语高端人才数据库,再建设英语高端人才数据库,因为目前国家政府机关中的外语人才 99% 都是英语人才,非英语人才奇缺。高校高端外语人才拟包括应用人才和学术人才两大类。应用人才拟包括翻译人才和复合型人才。符合何种标准可以定义为翻译人才或是复合型人才?翻译人才和复合型人才又可以分为哪几类?此外,翻译人才应该包括口译人才和笔译人才,而口译中有同传和交传,笔译中有文学翻译、科技翻译等,从事过何种翻译的人可以进入该数据库?从事翻译实践的级别、领域、时间长短等是否是衡量标准?复合型人才的分类更加复杂。这类人才的专业领域涉及外交、商务、科技、文化和教育等多个方面。以外交人才为例,能够运用外语开设外交学、国际关系等课程的高校教师是否算复合型人才?由政府选派到驻外使领馆工作的外国语学院的教师是否是复合型人才?这些人才选择标准都将在第一期建设中通过高校个案研究最终予以确定。

学术人才拟包括区域研究人才和学科研究人才。区域研究人才指对世界上某个区域和国家研究有一定造诣的专家和学者;学科研究人才指除外语学科以外的一些其他学科,如材料科学、物理、化学、生物等学科中具有高水平的教师。与界定应用人才一样,学科研究人才内部结构的确定极其困难。例如用外语教授专业课的教师与用外语撰写学术论文的教师是否可以归于一类?能够将外文教科书翻译成中文的教师是否可以归为学术研究人才？上述有关高端外语人才分类问题的解决，一方面依赖于第一期建设个案研究的结果，另一方面还需咨询相关用人单位的意见。课题组将在深入分析与研究的基础上，最终提出可操作的分类指标体系。

在通过个案研究确定高端外语人才的衡量标准并建立数据库的内部结构后，课题组将在数据库后期建设过程中分六大区进一步收集其他211高校和外语类院校的外语人才的信息并录入到数据库中。

6.3.2.3 高校稀有语种人才库

高校稀有语种人才库的建设目的主要是在全国现有的非通用语种中采集高校非通用语专业点数量较少的语种人才信息。稀有语种人才对保持国家应对外交、商务、科技、公共安全等领域突发事件的能力具有长远的战略意义，对中国与稀有语种对象国的民间交往也具有重要的促进作用。稀有语种人才数量非常少，因此数据库拟在采集稀有语种人才基本信息的同时，尽可能详实地对人才进行描述（包括语言水平、专业知识背景、学习经历、工作经历、海外经历等），以满足稀有语种人才库用户的具体需要。

虽然稀有语种人才总数相对较少，但人才的各项情况分布可能更为复杂。由于不同语种在专业培养方面的区别可能很大，因此不同语种人才的特点也相应具有多样性和复杂性。例如，以冰岛语为例，目前全国教授冰岛语的中国籍教师仅有1人，在北外工作，那么本数据库就应当采集这位教师的信息；而有的欧洲语种人数为5—10人，则需要确定一套合理的标准来选择采集对象。再如，有些稀有语种的在读高年级本科生已具备一定的语言能力，是否也需要将他们纳入采集范围？总之，不同稀有语种的情况各异，第一期建设将在前期调研结果的基础上根据具体情况分门别类进行信息收集。

高校稀有语种人才库的建设首先采用个案研究的方法，选择了2所外语类院校、1所综合类院校进行深入研究，以最终确定稀有语种人才库的框架与信息结构。第一期建设结束后，课题组将在此基础上分六大区收集各高校稀有语种人才的信息录入到数据库中。

图 6.1 展示了"国家外语人才资源动态数据库"的基本结构。其中包括两个子库：国家外语+专业高端人才库和国家外语专业普查库。高端人才库又分为"通用外语+专业"和"非通用外语+专业"；普查库仅限于外语专业，又分为教师库和学生库。

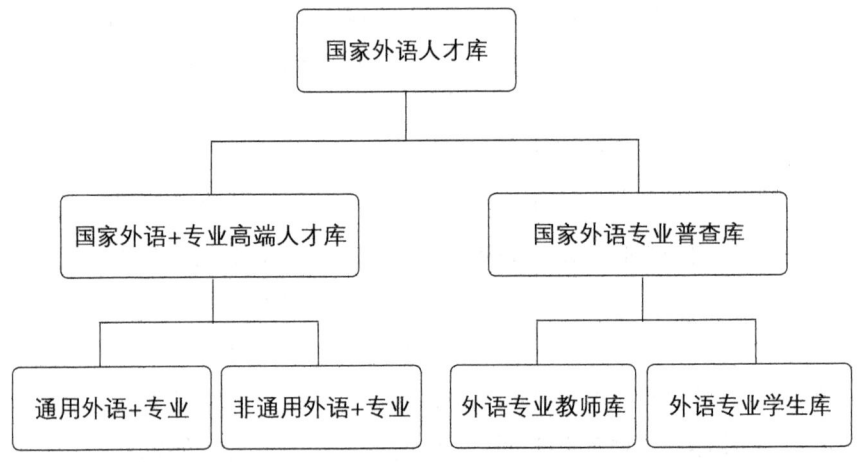

图 6.1 "国家外语人才资源动态数据库"的基本结构

目前，高校外语+专业高端人才数超过 2 万人，覆盖 38 所原 985 学校、14 所外语类院校和 59 所原 211 学校（军校除外）。外语专业学生覆盖全国本科招生院校，外语专业教师覆盖全国近 900 所开设外语专业的院校。

6.3.3 国家语言人才资源掌控能力建设展望

从国家外语人才资源动态数据库建设情况可以看出，目前中国外语人才资源掌控能力建设才刚刚起步，未来还有很长的一段路要走。这也从一个侧面反映了中国语言人才资源掌控能力建设与国外一些发达国家之间的差距。我们认为，未来既需要进一步抓紧国家外语人才资源库这类针对性强的项目建设工作，同时还要加强各类语言资源的普查工作，为推动国家语言人才资源掌控能力发展打好基础。

6.3.3.1 继续扩大和完善国家外语人才资源库的建设工作

外语人才资源是国家的重要战略资源。建设国家外语人才资源库是一项重大基础工程,能提升中国的软实力。目前课题组仅完成了整个国家数据库的第一期工程,还有很多工作亟待完成。有鉴于此,我们提出如下三项建议。

首先,建议在第一期工程的基础上,继续扩大资源库,增加三个子库:(1)非高校外语+专业高端人才库;(2)驻华侨民库;(3)国外侨民库。非高校外语+专业高端人才库主要指政府部门、国家企业拥有的外语+专业高端人才;驻华侨民库主要收集驻华外国侨民信息,国内突发外语事件时也是很好的外语资源;国外侨民库主要收集能够熟练使用两种语言、热爱中国、愿为中国服务的华人信息,以备紧急时征用。

其次,由于数据库具有高度"保密性",建议由政府专门部门负责或协调此项工作。目前在大数据时代,各政府部门都有各自的数据库,如有政府机构协调,行政资源将丰富得多。例如,教育部人事司和教师发展司有各自的数据库,这两个库都有高校各相关人员的基础信息。目前本课题组虽已完成了111所高校2万多名外语+专业高端人才的数据搜集工作,但基本信息的核对工作经多方努力,前后花费了大约五个月才完成50%,其余50%还在奋斗之中。设想如果教育部相关机构能够参与数据核对工作,数据的可靠性就能大大提高。

此外,要充分发挥已建外语人才资源库的作用。本课题组调用了上千名教师和学生参与"国家外语人才资源动态数据库"的建设工作,虽然该库目前还不完善,但也积累了大量可用数据,可作为学术研究和政策制定的基本依据。同时,建设国家外语人才资源库要有长期的规划、持续的投入。我们课题组期待全国哲学社会科学工作办公室能够加强与相关部门的协调工作,加大宣传,以期获得各方支持,逐步让已建成的资源库投入使用,为国家服务。资源库用进废退,不能"束之高阁"。

6.3.3.2 加强全国语言资源的普查工作

语言资源是国家人力资源的重要组成部分，掌握语言资源是行使国家语言能力的首要前提。美国、英国、法国、俄罗斯等国已充分认识到这一重要性，其语言资源调查计划周密，掌控路径畅通。相比之下，中国仍处于起步阶段，存在问题明显。例如，中国缺少长周期的语言资源普查数据，也缺少短周期的语言资源抽查数据。为此，我们提出以下三点建议：

（1）成立语言资源调查协调管理部门。鉴于语言资源调查的专业性较强，可由国务院牵头组建跨部委协调机构，成员包括国家语委、国家统计局、教育部高校学生司等部门，负责制定语言资源调查的宏观政策和实施方案。具体包括：决定语言资源调查的具体内容和方法；制定语言资源调查数据的使用方法；遴选调查高校语言课程注册数据的单位；决定国家语言资源数据库建设措施等。

（2）建议从第八次全国人口普查开始，增加对公民语言使用状况的调查。调查以问卷形式呈现，涵盖对惯用语言和其他语言使用情况的调查。可借鉴国际经验，如：美国语言调查问卷中有"一个人在家除了英语外经常说的语言是什么？"等问题；俄罗斯普查语言信息的问题有"除俄语外，您还通晓哪些语言？"；法国语言抽样调查也设计了系列情景问题。

（3）对语言资源进行动态、分类调查。除人口普查外，建议增加语言资源年度抽样调查和高校语言课程注册情况调查。语言资源年度抽样调查可纳入国家统计局常规工作，用以了解两次人口普查之间的语言资源变化趋势和特点。高校语言课程注册情况可由教育部负责，调查结果用以辅助调整国家语言人才培养规划。

6.3.4 小结

从中国与美国外语人才资源掌控能力现状的比较可以看出，现阶段中国外语人才资源掌控能力建设仍处于起步阶段，这也从一个侧面反映出中国语言人才资源掌控能力与发达国家之间存在巨大差距。推动少数民族语言人才资源、外语人才资源、跨境语言人才资源等各类语言人才资源掌控能力的建设,对维护国家安定、促进改革开放、塑造国家形象具有不可替代的重要作用。值得高兴的是,如今学界的呼声已得到了政府的重视,在语言文字政策制定、课题规划等相关工作中被屡次提及。未来国家语言人才资源掌控能力建设还需进一步加速,通过建设各类语言人才资源平台、加强全国语言资源普查工作等手段,实现语言人才资源的充分开发和利用。

6.4　国家对外话语表述

"落后就要挨打,贫穷就要挨饿,失语就要挨骂。"(中共中央宣传部 2016:210)对外话语权是国家实力的重要组成部分,反映了一个国家的国际社会地位和影响力,因此一直都是政治学、新闻传播学等人文学科关注的热点话题。近年来,文秋芳(2016a,2016b,2019a)将对外话语表述这一议题引入社会语言学的研究范围,并将其列为衡量国家语言能力的一个重要指标。国家对外话语表述涉及经济话语、法律话语、文学艺术话语等多种话语,其中政治话语的对外表述集中体现了国家的主流意识形态和价值观念,最受国际社会关注,在国家对外话语表述能力建设中无疑居于首要地位。有鉴于此,本节将从对外政治话语表述的核心内涵、表述风格、机制建设这三个维度出发,以此为典例展示新中国成立以来在国家对外话语表述方面取得的成绩与经验。

6.4.1　核心内涵

构建融通中外的政治话语体系,增进世界各国人民对新中国道路、理论、制度的理解,是塑造新中国国家形象、提升国际话语权的基础和前提。这一体系的构建,首先需要确定其核心内涵,围绕相关概念和范畴提炼出一套具有标识性、代表性的对外表述"关键词",从而向国际社会清晰有力地传达新中国的政治思想和理念。从核心内涵来看,新中国着重对外表述的政治话语既包含了阐述马克思主义普遍原理的"马克思主义政治话语",又包含了马克思主义本土化后的"中国特色社会主义政治话语",此外还有在继承发展中华优秀传统政治思想的基础上提炼出的"中华优秀传统政治话语"。

自近代以来,马克思主义为中国人民争取民族独立和自由指明了前进的方向。在马克思主义的指导下,中国共产党建立了中华人民共和国,确立了社会主义基本制度。为了让世界深入了解马克思主义指导下的近代中国革命历史和社会主义实践,争取国际社会舆论和经济等各个方面的支持,新中国成立后,特别是从新中国成立之初到"文革"结束这一时期,代表马克思主义普遍原理的"生产关系""生产力""阶级""共产主义"等政治话语成了对外宣传的关键词。例如1952年创办的《中国建设》(后更名为《今日中国》)是新中国成立初期最为重要的对外宣传刊物之一。该刊收录了多篇介绍新中国政治建设情况的文章,大部分都提及了马克思主义对新中国政治制度的影响和意义。刊物创始人宋庆龄在1959年第十期刊登的《中国的解放——中苏友谊——人类向未来跃进》一文中就写道:"……最后由中国工人阶级的先锋队——中国共产党完成了这个革命任务","在这场斗争中,中国人民击败了他们的三大敌人——帝国主义、封建主义和官僚资本主义","当前摆在人类面前的问题是通过经济制度的适当变革(生产关系),发挥人民最大的创造性,使巨大的生产力为全体人民造福,绝不应有任何剥削和歧视"(宋庆龄 1981)。可以看出,这一时期对外表述的政治话语重在揭示中国人民选择马克思主义的历史必然性和新中国政权的合法性,向国际社会展示了一个独立自主、自力更生的红色中国形象(史安斌、张耀钟 2019)。

与此同时,中国共产党还强调发展马克思主义,结合中国政治建设实践逐步形成了具有中国特色的社会主义理论,这也为对外全面展示新中国形象源源不断地输送了新的话语形式。随着中国特色社会主义理论的逐步完善,中国对外政治话语内涵不断得到充实与丰富,其融通性和开放性也随之进一步增强。尤其是十八大以来,为促进全球治理体系变革,向世界提供中国智慧和中国方案,中国共产党提出了诸如"合作共赢""一带一路""人类命运共同体"等一系列新概念，鲜明地反映了中国政府通过价值观念创新解决国际社会关切问题、融入世界历史发展潮流的理念和抱负。以"人类命运共同体"为例，这一新概念实质上反映了中国共产党关于世界秩序理念的思考与构想，一方面对世界秩序给予了总体性指向规定，另一方面为人类提供了治理和改造现实世界的评估标尺（黄婷、王永贵 2017）。"人类命运共同体"观念符合全世界人民的利益，力图解决人类社会共同面临的问题，因此很快在国际社会产生了热烈反响。例如，2017 年 3 月 23 日在联合国人权理事会通过的关于"经济、社会、文化权利"和"粮食权"两个决议都明确表示要构建人类命运共同体，这标志着该理念已成为国际人权话语体系的重要组成部分。[1]

中华优秀传统文化体现着中华民族在五千多年历史中形成的世界观、人生观和价值观，是孕育当代中国社会主义核心价值观的源泉。从"格物致知"到"实事求是"，从"民惟邦本"到"以人为本"，都体现了中华优秀传统文化在中国现代政治文明中的延续和发展。新中国对外表述的政治话语也始终重视汲取中华民族一脉相承的民族精神追求和特质，通过深入发掘优秀传统文化中的积极政治理念与当今世界发展潮流的契合点，推动中国政治话语与世界话语的融通与互动。特别是十八大以来，党和国家领导人把传播中华优秀传统文化与阐释中国特色社会主义、讲好中国故事紧密联系在一起，进一步凸显了优秀传统政治观念在构建对外政治话语体系中的重要作用。例如，中华民族一直提倡"协和万邦""以和为贵"的处世之道，崇尚和平是中华优秀传统文化的主要标志。新中国成立之初，中国政府就在国际上提出了"和平共处"五项原则，明确反对霸权主义，鲜明地反映了对外政治话语在"和"文化上的传承与发展。如今，这些主张已被绝大多数国家所接受，成为世界国际关系的基本规范和准则。之后中国政府提出的"和平发展""和谐世界""互利共赢"等一系列国际化理念，

---

[1] 详见 www.xinhuanet.com/world/2017-03/24/c_129517029.htm（2020 年 1 月 5 日读取）。

也都是在马克思主义指导下对"和"文化的创新性发展,共同构成了现阶段中国对外政治话语体系的核心内涵之一。

6.4.2 表述风格

对外政治话语表述对象是海外受众,因此还需充分考虑海外受众的话语习惯,以他们听得懂、听得进的风格方式来传递中国的声音。新中国成立以来,党和政府在对外宣传实践中始终提倡真实客观、通俗易懂、灵活多样、准确合宜的对外表述风格,在国际舆论中有力地发出了自己的声音。

真实客观指政治话语的对外表述平实可信,不讲假话、大话;在涉及中外政治制度和执政理念的比较时不偏不倚,以包容开放的态度对待不同的政治文明。早在抗日战争时期,毛泽东就为党的对外联络宣传工作制定了实事求是的方针,新中国成立后多次对一些浮夸不实的对外宣传进行了批评,明确提出要禁止不合实际情况的自吹自擂(刘肖、李红 2017)。邓小平也明确指出,对外宣传工作要实事求是,留有余地,"过头的话不要讲,过头的事不要做";在正面宣传时不可过分夸张,"不要说什么都好,什么问题都解决了",要杜绝说空话、说大话、说假话的恶习(童兵 2004)。此外,在比较中外政治国情的差异时,党和国家领导人也多次强调要坚持真实客观的表述原则,避免过度主观化。例如,新中国成立初期意识形态氛围浓厚,国内许多发言稿和新闻稿件在涉及西方资本主义国家的政治话语表述中经常使用"匪类""帝国主义""恶魔""法西斯"等字眼,给对外宣传工作带来了一些负面影响。对此,当时担任新中国外事领导工作的周恩来专门写信给有关部门负责人,要求他们"指示记者和发言起草人注重简短扼要地揭发事实","避免或少用不必要的刺激性语句"(胡正强 1998)。这实质上正是党和政府在对外宣传中一贯坚持实事求是作风的表现。

通俗易懂指用通俗的体裁形式和简洁的语言文字介绍新中国政治建设情况,尽量避免晦涩难懂的政治说教。对外政治话语表述对象是具有不同政治文化背景的海外受众,许多政治概念对于他们来说十分模糊,难于理解。因此,党和政府在对外宣传中始终强调以通俗易懂的话语形式阐释抽象的政治思想和理念,以便于海外受众接受。例如,新中国成立之初的重要对外宣传刊物《中国建设》对文章体裁形式和语言风格作出了明确规定:"一般不刊载文件和政治报告的原文、理论、政治和军事文章",文章须通俗易懂,内容充实,并配以插图或照片(徐锋华 2016)。党中央领导人也一直注重用通俗易懂的话语形式传达执政理念。像"纸老虎""黑猫白猫论""苍蝇老虎一起打"等由中央领导人提出的经典政治表述均巧妙地运用了隐喻这一修辞手法,简单而又不失生动形象,改变了政治话语严肃有余、活泼不足的风格,在国际上广为传播。

灵活多样指重视宣传对象在历史文化、风俗习惯等方面的差异,在表述方式上做到"内外有别""外外有别",有针对性地开展对外宣传工作。在对外宣传的具体实践中,如果对海外受众所属国家和民族的历史文化等情况缺乏了解,简单照搬国内宣传模式,就会很容易陷入"自说自话""传而不通"的困境。早在新中国成立之初,毛泽东就强调对外宣传工作要注意内外有别,要根据不同对象采用不同的宣传方法。1986 年,全国对外宣传工作会议在"内外有别"这一原则的基础上进一步提出了"外外有别"的原则,明确要求对外宣传要认真研究不同国家和地区的价值观念、风俗民情等特点,做到有的放矢,突出对外宣传的针对性和差异性。党中央领导人在这一方面更是以身作则,为对外宣传工作作出了表率。国家领导人在出访演讲中都会特意提及访问国与中国的友好交往历史,还经常引用各个访问国的名人名言或经典故事,与听众拉近沟通距离(张弦 2016)。这种贴近不同社会文化习俗、形式灵活多样的外交话语风格体现了对访问国的尊重,在国际社会产生了良好反响。

准确合宜主要指在翻译政治话语时忠实传达话语的政治内涵和思想理念,并且力求译文符合海外受众的语言习惯。与国内政治宣传不同的是,政治话语的对外表述涉及中文编译工作,翻译质量和水准直接影响到话语的国际传播效果(贾毓玲 2017)。党中央领导人就高度重视政治话语外译文本的准确性。例如,毛泽东在接受美国记者斯特朗的采访时指出"一切反动派都是纸老虎","纸老虎"在现场被译为"scarecrow"(稻草人),毛泽东知道后提出直接用"paper tiger",从而既忠实传达了本意,同时也使话语更加形象生动。十八大以来,政治话语翻译的规范化建设更是受到了前所未有的重视。政府组织相关部门先后启动了"中华思想文化术语传播工程"和中央文献重要术语翻译工程,并对外公布了数批相关术语的外语译文,极大地推动了相关术语译名的规范和统一(国家语言文字工作委员会 2017:79-97)。在保留话语特有的政治内涵与国情文化特色的前提下,党和政府同时还提出要高度重视外译文本的艺术性和可读性,即翻译人员可根据海外受众的语言思维习惯对原文的措辞、结构、风格等方面进行适当调整。如中国翻译学界根据长期外宣实践总结出了"外宣三贴近"原则,其中明确提出"最好的外宣翻译不是按中文逐字逐句机械地把中文转换为外文,而是根据国外受众的思维习惯,对中文原文进行适当的加工,有时要删减,有时要增加背景内容,有时要将原话直译,有时必须使用间接引语"(黄友义 2004)。

6.4.3　表述机制

对外政治话语表述机制主要涉及传播主体、传播媒介和传播语言这三个维度。新中国成立以来,党和政府设立了相应的对外传播管理机构和媒体机构,借助信息技术大力发展新的媒介形式,此外对外表述使用的语种数量也明显增长,清晰地展现了新中国对外政治话语表述能力由弱到强的发展历程。

首先,新中国对外传播管理机构与媒体机构的建设逐步完善,为对外政治话语表述能力的提升奠定了基础。1949 年新闻总署成立,下设国际新闻局以统一管理国家对外宣传工作,这是新中国成立的第一个对外传播管理机构。自此之后对外传播领导机制经历了不断调整,最终形成了从中央到地方全面覆盖的管理机构体系。在中央层面,1980 年中央对外宣传小组成立(1992 年更名为"中央对外宣传办公室"),并于 1991 年在国务院系统挂名,对外又称为"国务院新闻办公室",采用"两块牌子、一套班子"的形式办公,全面统筹全国的对外宣传工作。之后,各省市宣传部也相继设立了外宣办(处),并仿照国务院新闻办公室建立了新闻发言人制度,开发了形式多样的地方外宣网站,有的发达地区省市还推出了外宣报刊和电视节目,中央和地方外宣工作联动机制得到了进一步加强。在此背景下,媒体机构规模也迎来了快速扩张。新中国成立之初,对外传播工作主要由中央广播事业局下设的国际广播编辑部与中国新闻社、新华通讯社等少数几家中央媒体承担。改革开放后,党和政府通过组建大型媒体集团、推动中央和地方各类传媒机构相互协作等措施,加快了现代化传播媒体机构体系建设的进程。随着 2016 年中国环球电视网(CGTN)的成立,党和政府倡导的立体化大外宣体系正式建立。除了中国环球电视网、《人民日报》、新华社、中央电视台等主流媒体外,其他英文对外网站和有潜力发挥国际传播功能的平台和机构均被纳入了这一体系中(姜飞、张楠2019)。大外宣体系的形成,标志着新中国对外传播主体变得更加多元化和市场化,外宣规模效应和服务质量有望得到进一步提升,这无疑将对新中国政治话语的国际传播起到巨大的推动作用。

其次,随着信息技术的突飞猛进,新中国政治话语对外传播媒介也不断更新升级,极大地提升了传播效果。在信息技术高度发展的时代,传播媒介的先进程度直接决定了传播能力的强弱。在党和政府的高度重视下,新中国政治话语对外传播充分利用新技术、新手段,完成了向现代化的多媒体传播体系的转型。新中国成立之初,政治话语的对外传播主要以广播和刊物为主,形式较为单一。改革开放后,特别是随着互联网的普及,政治话语对外传播媒介更加多样化,包含了出版物、广播电视、在线网站、移动客户端等各种形式。以中国国际广播电台为例,除了传统的无线广播外,截至 2016 年该台还开设了多文种网站共计 72 个,推出了在线广播、互联网电视等各类多媒体节目,实现了对全球 98% 人口的母语覆盖;建有 27 种语言的 46 个移动客户端,并在多个重要国际社交平台上注册了账号,境外社交媒体粉丝量达 1115 万;开发建设了中华浏览器、中华论坛、中华体育 APP 等新媒体形式,为海外华人提供了更加全面的信息服务(田玉红 2016)。中国国际广播电台从传统广播媒体向综合性的现代媒体机构的转型升级，正是新中国传播技术和手段取得飞跃式发展的一个缩影，鲜明地反映了对外政治话语表述能力的巨大提升。

此外，经过多年发展，新中国政治话语对外传播使用的语种数量不断增加，传播覆盖范围得到了进一步拓展。从一些主要的对外传播媒体机构使用的语种数量来看，新中国对外政治话语表述能力在短短 70 余年实现了飞跃式发展。例如：中国国际广播电台（前身为"中国对外广播"）1950 年对外广播使用的语种为 11 种，1976 年为 44 种，2013 年进一步增加到了 64 种；其下属网站"国际在线"在 1997 年建立时使用中文、英文、西班牙文、德文四种文字同时发布新闻（张焕萍、刘笑盈 2010），如今官网"语言"一栏显示已经可以使用 44 种语言报道全球重要事件。[1]
再如：承担领袖著作、党政文献等翻译和出版任务的中国外文出版发行事业局（前身为"新闻总署国际新闻局"）如今也已发展到每年以 40 余种文字出版近 5000 种图书，以 14 个文种编辑 34 本多语种期刊，书刊发行遍布世界 180 多个国家和地区；2014 年《习近平谈治国理政》由国务院新闻办公室会同中共中央党史和文献研究院和外文局编辑出版，截至 2019 年 7 月已经翻译并出版了 28 个语种 32 个版本（杜羽、刘彬 2019）。可见，新中国外宣媒体机构可使用语种数量的增长，为对外政治话语表述能力的发展提供了坚实的保障。

6.4.4　未来发展路径

新中国政治话语对外表述能力的提升，为塑造国家形象、提升国际话语权发挥了巨大作用。如今，随着综合国力的不断增强，中国成了国际社会关注的焦点。与此同时，为遏制中国发展，一些国家鼓吹的"中国威胁论""中国崩溃论"又开始甚嚣尘上。这对新时期对外政治话语表述能力建设来说既是机遇，也是挑战。为更好地应对国际舆论新形势，助力中华

---

[1] 详见 http://news.cri.cn/gb/42071/2013/05/05/5951s4105040.htm（2020 年 1 月 6 日读取）。

民族实现伟大复兴,未来对外政治话语表述能力的建设还应当重点处理好以下几类关系。

6.4.4.1 话语内涵的特色化与国际化

中国是一个社会主义国家,因此未来对外政治话语表述内涵体系应当继续以中国特色社会主义道路、理论、制度为主体内容,这样才能在复杂的国际舆论环境中保持话语的中国特色。在这一前提下,我们还需要善于发现中国与其他各国政治文明在某些政治思想理念上的共性,以其国际化特征作为传播的切入点,使政治话语的对外表述更能引起共鸣。例如,中华民族历来注重以民为本,提倡"民惟邦本,本固邦宁""天地之间,莫贵于人",新中国成立以后,党和政府以保障人民的生存权和发展权为首要任务,大力推动经济发展,坚持以人为本,这实质上与西方政治范畴的"民主""人权"所提倡的政治追求具有一定的相通之处。国务院新闻办公室1991年对外发布的第一本政府白皮书《中国的人权状况》就以"人权"为主题,一方面指出中国人民从自己的历史和国情出发,对人权问题形成了自己的观点,不允许其他国家粗暴干涉;另一方面也介绍了党和政府为维护人权所开展的一系列举措,强调在相互理解、求同存异的基础上加强人权领域内的国际合作(中华人民共和国国务院新闻办公室1991)。这种兼顾特色化与国际化的话语内涵,体现了中国独立自主的决心和建立国际新秩序的负责任态度,极大地增强了传播效果。未来我们仍需做好对外政治话语表述内涵"个性"与"共性"的平衡,以进一步提高话语的影响力和说服力。

6.4.4.2 媒体机构的制度化与市场化

新中国成立之初,负责对外政治话语表述的媒体机构大多直接隶属于政府部门,带有明显的制度化特征。这样主要是为了便于贯彻执行中央有关对外宣传的方针和政策,确保国际传播事业沿着社会主义方向发展。改革开放后,完全市场化的私营媒体机构开始出现,且数量不断增加。通过推出集文字和视频等各类资源在内的网站或软件平台，这些私营媒体机构的影响力正变得越来越强大，成了新时期对外政治话语表述的重要主体之一。例如：联合国等国际组织、多国驻华大使馆、许多跨国企业和国外友人都在新浪微博注册了账号；抖音海外版 Tik Tok 在推出后短短几年时间就覆盖了全球大多数国家和地区。这些网络平台为海外受众深入了解中国政治经济等各方面的实际发展情况提供了一个重要渠道。在这一新的发展趋势下，未来政治话语的对外表述在媒体机构的管理上还应做好以下两个方面的工作。一是继续坚持制度化的官方媒体建设机制，充分发挥官方媒体机构在对外政治话语表述中的主导作用，始终将政治传播效应放在首位。二是支持私营媒体机构的发展，鼓励官方媒体机构与私营媒体机构在对外传播内容和技术等方面进行合作，同时进一步加强对私营媒体机构传播内容的监管，引导舆论健康发展，防止别有用心的人通过相关网站或软件平台散布不实言论抹黑中国。

6.4.4.3 海外传媒的全球化与本土化

进入 21 世纪以来，新华社、《人民日报》等中央媒体开始向着全球化的一流国际媒体目标迈进，其中一个显著标志就是建立了大量的海外分支机构，外派人员数量也在逐年增加。这对提升对外政治话语表述效果、争夺国际舆论阵地发挥了积极作用。但同时我们也要看到，全球化程度与本土化建设密不可分。现阶段海外分支机构在为适应当地受众而进行的媒体内容生产、经营、人才使用等各方面的本土化建设上仍存在不少问题，如缺乏系统的关于海外受众内容需求的调查，在市场观念、经营理念和营销意识等方面未能与国际完全接轨，对海外受众服务重视程度、服务能力和效果明显不足，对本土化人才的聘用和管理还处于起步阶段，等等（刘滢 2013）。因此，未来在推进传播媒体机构全球化建设的过程中还应继续加大本土化力度，进一步提升对外政治话语表述的影响力。首先，媒体机构要更加重视当地雇员的作用，充分利用当地优秀专业人才开展传播工作；其次，在内容生产上需向本土内容倾斜，以淡化官方色彩，拉近分支机构与当地民众的心理距离；最后，同一地区的不同媒体机构之间还应加强协调和沟通，在内容、人员等当地资源方面实现共享互补，以形成合作共赢的良性发展局面。

6.4.4.4 翻译主体的协作化与自主化

翻译是实现对外政治话语表述的关键一环，因此翻译主体，也就是译者的选择非常重要。翻译主体在理论上既可以是国内翻译专业人员，也可以是外籍专家，这两类译者各有长处和劣势。国内译者不仅要将话语准确地转换成国外受众的语言，还要实现"文化对接"，以提高话语的传播效果，这对他们来说无疑是一个不小的挑战；外国译者虽然在语言及文化的掌握程度上具有一定优势，但是在话语政治内涵的理解上肯定不如国内译者透彻。从以往的经验来看，最佳翻译模式是中外译者共同合作。新中国成立初期的重要对外宣传刊物《人民中国》《中国建设》就邀请了国际著名记者爱泼斯担任英文稿件的编辑工作。改革开放后，新华社、外文局等重要媒体机构也都组建了外籍专家团队。因此，未来对外政治话语的翻译工作应当由中外译者共同担任，协作化仍将是话语翻译主体的发展趋势。当然，国内外译者在合作过程中承担的具体职责应当有所区别。中国译者应承担话语的初译和定稿工作，主要对外译文本的内容和导向负责；外国译者承担改稿和润色工作，主要对外译文本的可读性和艺术性负责。从这一点来说，在协作化模式下，政治话语的翻译工作还应该坚持自主化意识，即以中国译者为主，从而确保话语内涵和导向的正确性。

6.4.4.5 传播布局的平衡化与差异化

传播布局决定了对外政治话语表述的影响范围和深度。随着使用语种数量的增加，以及国内媒体机构在海外不断设立新的分支机构，新中国对外政治话语表述的覆盖范围从发达国家扩大到了包括第三世界国家在内的绝大部分国家和地区，空白地带逐步被填补，基本实现了全球范围内传播布局的平衡化。不过，在这一大的发展趋势下，新中国不同时期的对外政治话语表述覆盖地区在布局上仍各有侧重，表现出了差异化的特点。新中国成立初期，在西方资本主义国家的封锁下，新中国对外政治话语表述面向的重点对象主要是社会主义阵营国家与亚非拉新兴民族国家。改革开放后，中国加入了以英美等发达资本主义国家为主导的世界贸易体系，对外政治话语表述的重心也开始向西方倾斜。不过，近年来随着中国国力的迅速提升，逆全球化思潮开始抬头，意识形态差异被以美国为首的资本主义国家不断渲染和放大，导致面向这些国家的政治话语表述受到较大影响。如今，以"一带一路"为代表的新型区域合作格局影响正不断扩大，对外政治话语表述布局进行调整转变已经势在必行。我们应抓住这一发展契机，将对外政治话语表述的重心从西方资本主义国家更多地转向中国周边的发展中国家和第三世界，最终实现以"南方共同体语言"代替欧美发达国家主导的"全球化语言"（王维佳 2015）。也就是说，未来新中国的对外政治话语表述一方面要继续在全球范围内全面推进，实现区域覆盖的平衡化，另一方面还需根据差异化理念对重点区域进行调整，以更好地适应现阶段国内外经济发展的新形势。

6.4.5 小结

新中国成立以来，对外政治话语表述能力建设取得了巨大成就。从核心内涵来看，新中国对外政治话语体系不仅反映了马克思主义普遍原理，同时还传递了中国特色社会主义理论和提炼升华后的中华优秀传统政治思想，兼顾了话语概念和范畴的继承与创新；从风格来看，党和政府始终提倡在政治话语的对外表述中做到真实客观、通俗易懂、灵活多样、准确合宜，从而有效地向国际社会传递了"中国声音"；从机制建设来看，涉及对外表述的传播管理机构和媒体机构得到了长足发展，媒介形式不断创新，语种数量更加丰富，扩大了对外政治话语表述的覆盖度与影响力。

近年来，西方资本主义国家为遏制中国而在国际社会不断渲染"中国威胁论""中国崩溃论"，这给新时期的对外政治话语表述能力建设带来了不小的挑战；而中国国力迅速提升以及"一带一路"新型区域合作格局不断成熟,为提升对外政治话语表述能力创造了新的发展契机。未来我们还需处理好话语内涵的特色化与国际化、媒体机构的制度化与市场化、海外传媒的全球化与本土化、翻译主体的协作化与自主化、传播布局的平衡化与差异化等多个方面的关系,为对外政治话语表述能力的进一步提升打好基础,从而更好地服务国家战略需求,向世界传递中国和平发展的良好意愿和重要担当。

6.5 结语

新中国成立以来,国家语言战略能力建设取得了显著成就,其背后凸显的是国家日益增长的经济实力和综合国力。在政府强有力的支持下,国家外语教育、国家通用语国际拓展、国家语言人才资源掌控和国家对外话语表述等方面的工作都呈现出良好的发展态势:(1)在外语教育领域,语种数量不断增加、对培养目标的认识不断深入、教学方法更加强调探索创新等各种变化表明,国家培养新语言人才资源的能力得到了极大提升;(2)随着中文被越来越多的国家和地区列为关键性或战略性语言,国际中文教育迎来了前所未有的发展机遇,同时语言文字信息化建设也极大缩小了中国与世界发达国家之间的"数字鸿沟",反映了新中国通用语国际拓展能力正不断增强;(3)"国家外语人才资源动态数据库"的建设工作已经启动,包括全国外语专业人才库、高校高端外语人才动态数据库、高校稀有语种人才库三个子数据库,标志着中国在语言人才资源掌控能力建设上迈出了实质性的一步;(4)对外政治话语表述的核心内涵不断丰富,表述风格更加贴近海外受众的话语习惯,机制建设趋于完善,清晰地反映了新中国国家对外话语表述能力由强到弱的发展过程。

展望未来,国家语言战略能力建设仍有望保持快速发展。如何更好地满足国家对特殊语言人才的需求,同时通过国际中文教育、海外华文教育与国家对外话语表述推动国际文化交流,将是未来国家语言战略能力的发展重点。为此,对内我们应继续重视高端外语人才的培养,同时加快建设各类语言人才资源平台以实现语言人才资源的充分开发和利用；对外我们还需推动孔子学院转型以及海外华文教育建设，创新话语对外表述内涵和机制，从而全面巩固和加强国家语言战略能力，为服务中国社会经济发展、营造良好国际舆论环境奠定更坚实的基础。

第七章
提升国家语言能力,助推两个共同体建设[1]

党的十八大以来,习近平总书记着眼于新时代民族团结进步事业新发展和世界秩序重塑新格局,创造性地提出了构建"中华民族共同体"和"人类命运共同体"的重大倡议,为新时代社会主义建设工作指明了方向。中华民族共同体是中华民族伟大复兴的稳定器和压舱石,构建人类命运共同体是中华民族对世界和平发展贡献的伟大智慧和宝贵实践经验。在这一背景下,如何深刻把握共同体理念对新时代国家语言文字工作提出的新要求、新任务,更好地发挥国家语言能力对两个共同体建设的支撑与服务功能,成为当下亟须深入研究的新课题。

俗话说,"要致富先修路",这里"路"是连通各地的"硬基建"。无论是中华民族共同体还是人类命运共同体都需要做到民心相通,而"语言"是连通心灵的"路"。从这个意义上说,提升国家语言能力就是加强"软基建"工程。如图 7.1 所示,国家语言能力可分为国家语言治理能力、国家语言核心能力、国家语言战略能力三个维度,其中国家语言治理能力

---

[1] 本章部分内容曾以论文形式发表,参见文秋芳、杨佳:《提升国家语言能力,助推两个共同体建设》,载《语言文字应用》2020 年第 4 期。

具有全局性和统领性特点,贯穿于国家语言核心能力和国家语言战略能力的整个建设过程;国家语言核心能力和国家语言战略能力则分别与中华民族共同体和人类命运共同体的构建密切相关,可直接推动两个共同体的发展。以下我们就分别从国家语言核心能力和国家语言战略能力这两个维度出发,对其在两个共同体构建过程中所起的作用进行分析解读,并在此基础上进一步讨论共同体理念对未来国家语言能力发展的重大启示。

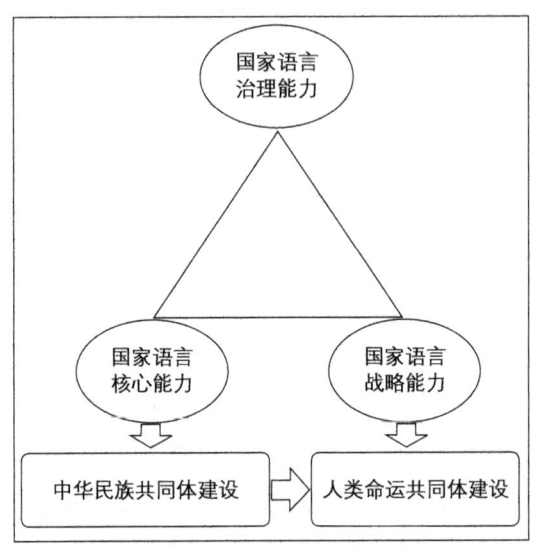

图 7.1　国家语言能力三角理论的功能

7.1　国家语言核心能力与中华民族共同体建设

国家语言核心能力指国家处理涉内事务的语言能力,具有基础性和先导性(文秋芳 2019a)。新中国成立以来,党和政府围绕国家通用语普及、国家通用语规范使用、国家语言智能化、国家语言和谐生活建设等方面开展了一系列工作,有力推动了国家语言核心能力的发展,对增强各族群众对中华文化的认同、筑牢中华民族共同体意识起到了积极作用。

首先,新中国国家语言核心能力建设巩固了普通话和规范汉字作为国家通用语言文字的主体地位,以汉语言文化为核心的中华文化凝聚力得到了进一步增强。从秦始皇时期的"书同文"到康乾时期的"官话运动",历朝历代统治者无不重视汉语言文字的推广和规范。在各汉语方言基础上形成的通用语以及传统汉字得以广泛传播和使用,成为各民族共享的语言文化符号。新中国成立后,汉语言文字作为国家主体语言文字的地位得到了进一步巩固。1956 年国务院发布《关于推广普通话的指示》,普通话正式作为民族共同语的标准语在全国推广;2000 年颁布的《国家通用语言文字法》更是首次以法律的形式将普通话和规范汉字确定为国家通用语言文字。近年来,中国政府还以"扶贫先扶智,扶智先通语"为目标,积极开展推普脱贫攻坚行动,赋予了国家通用语言文字推广工作促进民族交流交融、实现共同富裕的双重历史使命。在政府部门的努力推动下,普通话在全国范围内普及率已达到 80.72%,识字人口使用规范汉字的比例更是超过了 95%(赵婀娜、吴月 2020)。这标志着语言障碍已经基本消除,国家通用语言文字成为新时期促进民族繁荣发展、深化中华文化认同的共同"根脉",为构筑中华民族共同体打下了更为坚实牢固的语言文化基础。

其次,新中国国家语言核心能力建设注重科学保护少数民族语言文字和汉语方言,进一步丰富了中华民族共同体兼收并蓄、相互依存的文化内涵。中华民族悠久的历史是各民族共同书写的,中华文化是各民族文化的集大成者,由此决定了中华民族共同体多元一体的格局。因此,在大力推广国家通用语言文字、坚持"一体"的发展主线和方向的同时,保障少数民族语言文字使用自由、提升方言保护和利用水平也受到了中国政府的充分重视。坚持"主体性"和"多样性"辩证统一、兼顾"一体"与"多元"已成为新中国语言政策的鲜明特征(周庆生 2013;赵蓉晖 2016)。以少数民族语言文字为例,《中华人民共和国宪法》明确规定"各民族都有使用和发展自己的语言文字的自由",强调各民族语言文字享有平等的法律地位。在这一精神的指导下,自 20 世纪 50 年代起,政府部门就开展了对少数民族语言的调查和文字改革工作;进入 21 世纪后,"中国语言资源有声数据库""中国语言资源保护工程"等全国性语言资源保护活动也陆续展开。新时代少数民族语言和汉语方言等各类语言资源价值的深入开发和利用,充分反映了中华民族共同体在语言文化上所具有的多元性和包容性得到了进一步增强,为各民族追求团结统一创造了和谐的语言生活氛围。

此外,新中国国家核心语言能力建设推动了各类语言文字的现代化、信息化进程,通过改革创新为中华民族共同体的发展提供了强大的内生动力。新中国成立后,如何快速提高各族人民的文化教育水平,改变落后面貌,成为整个中华民族面临的一个重要挑战。在此形势下,语言文字改革工作被寄予了厚望。新中国成立之初,政府就开始了整理和简化汉字、制定和推行汉语拼音方案等工作,与此同时还创制了十余种拉丁字母形式的少数民族拼音文字。这些举措有效地推动了新中国现代教育的发展,总人口文盲率从新中国成立初期的 80% 下降到了 5%(杜占元 2019:11)。另一方面,自 20 世纪 80 年代起语言文字信息化建设工作全面启动,包括汉语和各少数民族语言在内的信息处理标准的制定、应用软件的开发、语料库的建设均取得了长足进步。正是得益于语言文字信息化建设的迅速发展,广大民族群众逐步跟上了互联网时代的步伐。据统计,截至 2020 年 3 月我国网民规模已达 9.04 亿,互联网普及率达到了 64.5%(中国互联网络信息中心 2020:1-2)。语言文字现代化和信息化进程的顺利推进,其背后反映的是中国社会经济的快速增长;各民族在共享现代化、信息化成果的同时,也更加深切地感受到了个人命运与中华民族利益攸关。从这一层意义上来说,语言文字的改革创新实质上保证了社会经济发展成果更多更公平地惠及各族人民,有助于构建更为紧密的利益共同体,实现各民族共同团结奋斗、共同繁荣发展。

7.2 国家语言战略能力与人类命运共同体建设

国家语言战略能力指国家处理涉外事务的语言能力,包括国家外语教育、国家通用语国际拓展、国家语言人才资源掌控和国家对外话语表述四个维度(文秋芳 2019a)。其中,国家外语教育、国家语言人才资源掌控聚焦服务中外合作交流的外语人才资源体系建设,国家通用语国际拓展与国家对外话语表述则主要着眼于推动中华文化"走出去"。显然,国家语言战略能力四个维度的建设均有助于增强中国与国际社会的"对话"能力,通过语言互通促进贸易相通、文明相通、民心相通,对加速构建人类命运共同体起到了不可或缺的重要作用。

构建人类命运共同体,关键在行动,国际社会还需从伙伴关系、安全格局、经济发展、文明交流、生态建设等方面作出努力。而无论是完善政治对话机制、加强安全信息技术分享、促进经济贸易往来,还是坚持文明交流互鉴,这些举措都离不开语言这把打开沟通理解之门的"钥匙"。从这一层意义上来说,人类命运共同体的构建需要外语人才资源支撑。中国政府始终高度重视外语人才的培养,2012年教育部、国家语委发布的《国家中长期语言文字事业改革和发展规划纲要(2012—2020年)》更是明确提出要加快制订外语语种学习和使用规划,根据国家战略需求制定应对国际事件和突发事件的关键语言政策,建设国家多语言能力人才资源库(国家语言文字工作委员会 2017:161-162)。在政府部门的推动下,现阶段外语教育迎来了多语种教学的"黄金期",为推动未来建设更加开放的新型国际关系和全球治理体系提供了有力保障。与此同时,在以文秋芳为代表的国内学者的努力下,2012年国家社科基金重大项目"国家外语人才资源动态数据库建设"获批,标志着我国语言人才资源掌控能力建设迈出了实质性的一步。"国家外语人才资源动态数据库"包含全国外语专业人才库、高校高端外语人才动态数据库、高校稀有语种人才库三个子数据库,建成后有利于政府有效调用各类外语人才资源,为更好地开展多边贸易、应对国际突发事件提供及时高效的语言服务。

交流孕育融合,融合产生进步。文明交流互鉴是推动人类文明进步和世界和平发展的重要动力,也是打造人类命运共同体的"软基础"。这不仅要求我们积极借鉴世界各国的文明发展成果,取长补短、为我所用,同时也要求我们向世界主动推介中华文化,消除隔阂和误解,增进文明互信。新中国成立后,对外话语表述能力得到了迅速提升,极大地推动了世界对中国传统文化和现代文明的了解。一方面，党和国家领导人将中华优秀传统文化与中国特色社会主义理论相结合，提出了"和平发展""和谐世界""互利共赢"等一系列融通中外、契合时代发展潮流的对外话语"关键词"，有效地凝聚了国际共识。另一方面，随着国家对外话语表述使用的外语语种数量不断丰富，传媒机构全球化的程度日益提高，西方话语垄断被逐步打破，这也为世界客观认识中国价值观念创造了良好条件。除了国家对外话语表述能力得到显著提升外，国家通用语国际拓展能力建设也取得了瞩目成就，其中最具代表性的就是中文国际教育开始走向世界各地，为传播中华文化、促进中外友好发展作出了巨大贡献。如今，孔子学院遍布全球各地，许多国家和地区还将中文列为了关键性、战略性语言，并将中文教育纳入当地的国民教育体系。许多海外汉语学习者毕业后成了中外友好交流使者，为推动中外经济贸易往来、促进文化交流融合发挥了积极作用。

7.3 共同体理念下的国家语言能力发展刍议

新中国成立以来，国家语言能力得到了迅速发展，为两个共同体的建设作出了巨大贡献。但我们也要看到，当前国家语言能力发展水平与中国强大的社会经济实力还很不相称，我们离国家语言能力强国仍有一定距离（文秋芳 2019a）。此外，近年来逆全球化思潮开始抬头，海外新一轮"中国威胁论"卷土重来，这也给对外话语传播、国际中文教育等方面的工作带来了一定挑战。在此形势下，我们更需要深刻把握共同体的丰富内涵，以此为指导思想进一步深化对国家语言能力建设工作的认识，推动两个共同体的实际构建与不断巩固。

7.3.1 以促进更高水平的普惠发展为目标

共同体首先是一个利益共同体，求和平、谋发展才是当今时代的主要潮流。因此，国家语言能力建设也应当以促进更高层次的共同发展为最终目标,以发展凝聚人心。

从国内的角度来看,我们还需充分开发利用国家通用语言文字的资源价值,让更多民众共享社会经济发展红利。随着普通话和规范汉字作为国家通用语言文字的主体地位不断强化,其在教育、就业等领域的价值优势更为明显。但现阶段普通话和规范汉字还未能实现全面普及,地区间发展不平衡现象比较突出,这极大地制约了各族群众融入全国经济社会发展大局。以普通话为例,我国东部大城市及一些经济发达地区的普通话普及率已经超过90%,而西部农村地区,尤其是边远贫困和民族地区的普及率尚不足50%(国家语言文字工作委员会2017:5)。这意味着政府部门仍应坚持将推广普通话和规范汉字作为官方语言政策的主体与核心,加大"语言扶贫"力度,以此推动中华民族共同体繁荣发展。

从国际的角度来看,国际中文教育区域分布结构还不合理(范敏、李国青 2019)。以亚洲为例,东亚和东南亚的孔子学院比较集中,而西亚和南亚地区则发展明显滞后(李宝贵 2018)。未来我们要继续扩大国际中文教育的覆盖面,帮助不同国家和地区的人们通过学习中文从日益频繁的中外经济文化交流中获益。如今,海外孔子学院已发展为中外文化交流的国际性品牌,这标志着中文的文化经济价值在国际得到了广泛承认。尽管一些西方国家不断渲染"中国威胁论",甚至以此为借口关闭了部分孔子学院,但我们不应就此退缩,而是应该直面问题,敢于担当,通过孔子学院转型升级、开发国际中文教育新业态等途径继续推动国际中文教育的开展,满足各国人民的中文学习需求。尤其是近年来加入"一带一路"的国家和地区不断增加,如何加大这些国家和地区的国际中文教育力度,帮助当地百姓搭乘中国发展"快车",更是关系到未来国际中文教育发展高度的核心问题。

7.3.2 以实现更深层次的多元互通为基础

无论是中华民族共同体还是人类命运共同体,均强调多元共存、互通融合的文化理念。中华民族悠久的历史、灿烂的文化、伟大的精神是各民族在长期交往交流交融中形成的，各民族为中华民族共同体的形成与发展作出了巨大贡献；文化交流互鉴是推动人类文明进步与世界和平发展的重要动力，人类命运共同体的发展也需要不同文化的对话与融合。因此，国家语言能力建设应树立科学的多元语言文化发展观，为打造两个共同体奠定坚实的文化基础。

就中华民族共同体的构建来说，未来政府部门需进一步处理好推广国家通用语言文字与保护各民族语言、方言之间的关系，科学推进中华民族语言文化的传承与保护工作。随着国家通用语言文字的逐步普及，近年来关于保护民族语言和方言的呼声也开始不断出现，协调不同群体的语言文字诉求已成为当下迫切需要解决的问题。一方面，我们要重视各类语言文字所具有的独特价值，将其作为中华民族共同体文化的有机成分予以传承和保护；另一方面，我们也应当避免为保护而保护的倾向，为刻意保护语言多样性而牺牲讲话人的权益，避免"惜语不惜人""重母语轻通用语"这些问题的发生（方小兵 2019）。政府部门首先要充分保障各类人群学习国家通用语言文字的需求，这是保护语言多样性的基本前提。在少数民族语言和方言的保护方面，对于已经丧失语言活力、即将消亡的少数民族语言与方言，我们应主要做好书面记录、描写和研究工作；对于一些具有战略发展意义的濒危语言，政府则可依托高校培养专业语言人才，以满足国家语言需求。

就人类命运共同体的构建来说，除了在海外继续开展国际中文教育，通过培养中文人才促进合作共赢的新型国际关系的建立以外，国家语言能力建设对内还需继续加大外语教育的改革力度，根据国家战略发展需求更有针对性地培养外语人才。现阶段中国外语教育仍面临不少挑战：在外语教育语种数量上，英语一直是中国的第一外语，而小语种数量严重不足，远远满足不了国家新的发展需要，尤其是面向"一带一路"合作国家和地区的外语教育仍有待全面开展；在外语人才的培养质量上，政府部门对培养多语种复合型人才的艰巨性认识不足，现阶段外语人才呈现出"小才济济"、高端人才极度缺乏的尴尬局面。未来我们还需以人类命运共同体发展需求为导向，一手抓多语种教育，一手抓外语人才质量的培养，有效推进中外人文交流与人才交往，为构建人类命运共同体贡献智慧。

7.3.3 以更加坚定的文化自信为支撑

两个共同体的提出，是以习近平同志为核心的党中央统筹国内国际两个大局提出的重要倡议，是植根于源远流长的中华文明而为全球治理和世界发展贡献的中国方案与中国智慧。在打造两个共同体的过程中，坚定文化自信发挥着重要作用：对内可增强中华民族的凝聚力和共同体意识，抵御外界消极因素对身份认同的冲击；对外则有助于在文化传播中赢得对方的重视和信赖，加速文化交流融合。国家语言能力建设也应当以文化自信为精神支撑，以语言为纽带和工具，增强中华民族共同体的号召力与向心力，同时主动向世界传播当代中国的价值体系与建设成就，促进中外文明交流互鉴。

在中华民族共同体的构建过程中，坚定文化自信首先要求国家语言能力建设充分发挥语言文字传承弘扬中华优秀文化的载体作用，尤其是要重视青少年与儿童等特殊人群的国家通用语言文字教育，帮助他们深入了解中华文化，从小牢固树立中华民族共同体意识。随着中国改革开放的程度日益加深，越来越多的青少年与儿童从小就开始学习外语，这为他们以后的升学与就业打下了良好的外语基础；但与此同时，"重外语、轻母语"的问题也日益突出。过分重视外语学习，轻视国家通用语言文字教育，这不仅不利于青少年与儿童的全面发展，而且也不利于引导他们形成正确的民族观和国家观。因此，我们仍应将国家通用语言文字教育放在国民语言教育的首要位置，培养青少年与儿童对语文学习的兴趣和爱好，并积极引导他们正确看待传统文化和外来文化的冲突，在此基础上提升其对中华民族共同体文化的认同感与自豪感。

在人类命运共同体的建设过程中，坚定文化自信还要求国家语言能力建设要注重提升中文的国际地位和影响力。"落后就要挨打，贫穷就要挨饿，失语就要挨骂。"（中共中央宣传部 2016：210）人类命运共同体的构建离不开坚定的文化自信，而要想在国际交流中坚持中华民族的文化底色，及时准确地传递当代中国的价值观念体系，必须提升中文的影响力，彻底打破西方的话语垄断。现阶段，中文在国际政治、经济、文化交流中的使用仍受到较大的限制。例如世界三大引文索引数据库（SCI、SSCI、A&HCI）所收录的中文论文的比率均不到 1%；中文网民数量第二，但中文网络文本覆盖率只排名第九（李宇明 2018）。中文在国际组织的使用率仅有 0.26%，而英语的使用率高达 88.41%（张治国 2019）。未来国家语言能力建设还应努力提高中文在国际社会的交际功能，抓紧制定中文在国际组织、会议以及科研等领域的使用规定和条例，鼓励或要求在相关场合优先使用中文，提升中文在国际组织中的官方影响力和知识创新力。

7.4 结语

国家语言能力建设不单单是语言文字工作，同时也是服务国家发展战略、构建中华民族共同体与人类命运共同体的"软基建"工程。在当今时代，各个民族、各个国家相互联系相互依存的程度空前加深，国家语言能力建设正好可以充分发挥语言的"纽带"作用，以语言互通带动民心相通，有力推动两个共同体的构建与巩固。另一方面，构建中华民族共同体和人类命运共同体这一宏伟目标的提出也对国家语言能力的发展水平提出了更高要求。未来国家语言能力建设还应以实现更高层次的共同发展为目标，树立科学的多元语言文化观，通过国家通用语言文字教育培养国民对中华民族共同体的认同感与自豪感，同时以更加自信的态度推动中外文明交流互鉴，为实现人类命运共同体持续繁荣打下坚实的语言文化基础。

后记[1]

　　国家语言能力建设的主体是政府，体现的是国家意志，其目的主要是提高运用语言处理与国家利益相关事务的能力。另一方面，国家语言能力建设离不开普通民众的支持，尤其是在现代社会呈现出鲜明的"社会互动性"。也就是说，国家语言能力建设不仅仅要服务国家发展，同时也要满足民众的语言文字需求。只有实现国家与社会双向互动的良性循环，国家语言能力建设才可能取得真正意义上的成功。

　　从本书的相关介绍与分析可以看出，新中国国家语言能力建设取得了巨大成就。其根本原因就在于，中国共产党始终坚持马克思主义人民观，把建设语言强国与服务人民语言文字需求两大历史重任有机地结合起来。从国家语言能力的角度来看，中国共产党百年历史实质上也是一个服务国家和人民的语言文字工作史。在中国共产党百年历史的第一阶段（1921—1948年），中国共产党以带领人民"救国"为目标，积极推行拉丁化新文字、简化字，推进文体口语化，其主要任务为号召人民大众学文化，积极投身革命，推翻三座大山，实现民族独立和人民解放。在第二

---

[1] 本章部分内容曾以论文形式发表，参见文秋芳、杨佳：《中国共产党百年语言文字工作的人民观》，载《新疆师范大学学报（哲学社会科学版）》2021年第6期。

阶段（1949—1977年），中国共产党带领人民以"兴国"为目标，一方面通过推广普通话、规范汉字和汉语拼音，大面积扫除文盲，提高人民文化水平，抛掉"东亚病夫"的帽子，使人民更好地参与社会主义建设；另一方面积极布局外语教育，扩大人民与东欧和亚非拉人民的交往。在第三阶段（1978—2011年），中国共产党带领人民以"富国"为目标，主要任务是继续推广国家通用语言文字，全力提高语言信息化水平，确保广大人民共享改革开放红利；同时大力开展外语教育，服务人民的广泛国际交流。在第四阶段（2012年至今），中国共产党带领人民以"强国"为目标，主要任务为重点解决发展不平衡不充分问题，通过推普脱贫攻坚战，助力各族人民走向全面小康；强调"语言铺路"，加速"一带一路"建设，助力实现中华民族伟大复兴。

透过这一百年国家语言能力发展历程，我们能清晰地发现中国共产党语言文字工作所体现出的鲜明的人民观特色，即一切工作植根人民、一切工作服务人民、一切工作依靠人民。这也正是新中国国家语言能力建设为世界贡献的中国经验、中国智慧，凸显了其重要的理论和实践价值。

一切工作植根人民，指中国共产党坚持一切语言文字工作从本国人民群众的生活实际出发，科学制定工作路线，走出了一条符合中国国情的语言文字工作道路。如何将一个人口众多、文化状况极其落后的国家建设成为一个语言文字强国，这在世界范围内尚无成功经验可借鉴。为此，中国共产党始终立足于中国国情，将语言实践与人民群众的生活实际紧密联系起来，做到了科学施策。以文字改革为例，是否需要借鉴日本等其他国家的做法实现汉字拼音化，成了关系到中国语言生活发展前景的全局性问题。新中国成立以前，受革命战争年代艰苦条件的限制，同时也为了帮助人民群众尽快了解革命思想，中国共产党在根据地同时推广拉丁化新文字和简体字。新中国成立后，中共中央和毛主席认真听取了社会上反对汉字拼音化的意见，最终决定以搁置争议的态度尽量求同存异，即不急于走世界文字共同的拼音方向，而是大力推广规范汉字，同时制定《汉语拼音方案》作为普通话和现代汉字的注音与拼写工具（王爱云2010）。这一科学做法，充分考虑了汉字在中国历史上联系古今文化、促进不同地区人民交流的重要地位，有利于传承和弘扬中华优秀传统文化、维护人民语言生活稳定。事实证明，中国共产党基于中国语言生活实际所做出的这一开创性决定是十分正确的。如今，汉字作为各民族共享的语言文化符号的地位得到了空前强化，汉语拼音除了继续服务国家通用语言文字的推广外，还在制定中文信息编码标准、中国人名地名国际拼写标准、开展国际中文教育等方面发挥着关键性作用。

一切工作服务人民，指中国共产党在工作实践中始终紧跟人民群众的语言文字需求，不断丰富和完善语言文字工作内涵。从服务人民教育发展、推广国家通用语言文字，到帮助人民融入互联网时代、加强语言文字信息规范和技术支持，再到助力中华民族伟大复兴、科学保护各类语言资源以推动中华语言文化发展繁荣，中国共产党这一百年来的语言实践与时代发展保持同步。以国家语委1992年以来颁布的五个国家语言文字工作规划纲要为例，纲要中相关表述的变化说明党和政府对语言文字工作价值的认识不断深入。例如在发挥国家通用语言文字主导作用的前提下，少数民族语言、方言、繁体字、濒危语言和弱势方言、手语和盲文等过去被忽视的内容都进入了官方核心语言政策的范围，语言文字工作内容也从语言规范化标准化拓展至语言信息化、语言保护、国民语言文字应用能力提升、以语言为载体的文化传承等领域（赵蓉晖2016）。除了在宏观层面加强统筹规划外，近年来党和政府还强调要增强语言文字工作的服务能力，以更好地满足人民群众日常语言生活中出现的新需求，如提出要促进"语言产业"发展，围绕语言科技开发、语言翻译、语言康复、语言会展等各个领域提供丰富的语言产品；进一步提升语言应急和援助服务能力，增强语言文字工作应对各类突发公共事件的能力等。

一切工作依靠人民，指中国共产党始终虚心听取人民群众意见，积极调动全体人民参与语言文字工作的积极性。中国共产党倡导的人民观历来强调走群众路线，坚持"一切为了群众，一切依靠群众"，语言文字工作也不例外。在制定各类语言文字改革方案的过程中，中国共产党采取了

"自上而下、自下而上、反复征求意见"的方式，充分征求各部门和社会群众的意见，时刻以人民为中心（文秋芳 2019b）。以《第二次汉字简化方案（草案）》（以下简称《二简草案》）的修订工作为例，该草案 1977 年公布后在全国范围内征求意见，有 28 个省（直辖市、自治区）以及部队系统将征集到的意见寄给了当时的中国文字改革委员会；根据批评意见，党和政府又组织专家于 1981 年制定了《第二次汉字简化方案修订草案》，并印发 10 万份在全国再次征求意见，以发现修订草案中的新问题（傅永和 1982）。考虑到群众意见不一，同时也为了保持汉字形体在一个时期内保持相对稳定，1986 年国务院最终正式废止《二简草案》的推行。正是依靠坚定不移地走群众路线，中国共产党领导的百年语言实践赢得了坚实的群众基础，在各个时期确保了语言文字工作的稳妥、顺利推进。

世界正处在百年未有之大变局，中国综合国力正日益增强。中国共产党正带领人民将我国建设成为一个富强、民主、文明、和谐、美丽的中国。强国必强语，强语助强国。在此背景下，下文探讨三点思考，旨在为新时代如何更好地在国家语言能力建设过程中发挥中国特色、践行语言文字人民观提供参考。

一是从人民的切身利益出发，科学保护语言资源。近年来，在党和政府部门的大力宣传下，广大人民群众的语言保护意识有了很大提升，但在如何保护各类语言文字，尤其是保护濒危语言和弱势方言这一问题上，尚存分歧。我们认为，语言兴衰是一种正常的社会现象。个人选择使用符合自己需要的强势语言，其目的是拓展个人的生存空间，有其必然性和合理性（道布 2018）。我们应注意的是，要避免以语言保护为名牺牲人民群众的语言权益，甚至将推广国家通用语言文字与语言保护人为地对立起来。人民观指导下的语言政策注重主体性和多样性的辩证统一。语言多样性是为了满足人民群众多样化语言生活的需求，但不是为"多样性"而"多样性"。正如我们在前文所说，未来政府仍应继续坚持推广普通话和规范汉字，在此前提下采取差异化措施科学保护各类语言资源，如加大对包括濒危语言和弱势方言在内的各类语言资源的记录、描写和研究工作；通过开设语言文化知识课、建设语言资源库和博物馆等方式，保存、展示、利用各种语言所蕴含的文化信息；对于一些具有战略发展意义的濒危语言或即将处于濒危状态的语言，政府可依托高校培养专业语言人才等。

二是从人民的根本利益出发，加强法制建设。加强语言文字法制建设，其目的是保障广大人民群众的语言权益。与世界一些发达国家相比，中国现阶段语言文字条例法规约束力仍显不足，一直没有制定专门的行政法规，各类语言文字条例也欠缺相应的惩戒和激励等配套机制。法制建设是一个长期过程，目前要想迅速改变语言文字法律法规体系中存在的问题，还需对法制建设的长期和短期目标进行科学区分，在着眼长期目标的同时，将现阶段工作重心放在短期目标上，以合理规划工作内容与任务。当下，语言文字法制建设应以加快语言文字法律法规的修订工作为短期目标全力推进；在此基础上，稳步推进专门的行政法规的制定，最终形成一般性法律与配套行政法规相辅相成的语言文字法律法规体系。因此，现阶段首先要充分发挥国家语委的统筹作用，争取其他中央部门及时有力的支持，推动各部门行政法规中相关语言文字法条的修订工作；抓紧完成《国家通用语言文字法》的修订工作，吸纳加强语言文字规范化的新内容。在完成国家层面语言文字法律法规的修订工作后，再统一指导地方政府对各类地方性法规进行相应修订。只有这样，语言文字法制建设才能迅速地取得成效，从而为更好更快地实现长期目标打下坚实基础。

三是从人民当下的关注出发，正确引导语言文字舆情。随着信息传播规模与速度空前提升，近年来语言热点问题日益增多，造成的社会影响也越来越大。这一现象充分反映了当前阶段对社会语言文字舆情进行引导的必要性和紧迫性。这不仅关系到语言文字工作的声誉，更是新时代深入践行人民观的应有之义。未来我们还需从以下几个方面入手，提升政府部门的语言文字舆情引导能力。一方面，政府部门应加快成立专门的舆情应对机构。这一机构除了要做好语言文字日常舆情监测外，还应在语言文字突发事件中发挥"上传下达"中的协同与沟通作用，并为政府部门进行决策提供专业参考和帮助。另一方面，政府要充分发挥现有的语言类社会组织的语言文字治理功能,通过多种方式为这些组织参与语言文字治理工作提供渠道,逐步发展其协助治理语言生活、引导社会语言文字舆情等相关职能。

四是从人民的长远利益出发,推动国家语言能力和个人语言能力协同发展。国家语言能力的发展离开个人语言能力,就成了"无源之水";而个人语言能力的发展也需要与国家语言能力建设同向同行,否则就无从实现其内在价值。在中国共产党的领导下,国家利益与人民利益历来高度统一。从这一意义上来说,推动国家语言能力与个人语言能力协同发展,既是将我国建成国家语言能力强国的必然前提,同时也是保障人民群众语言权益的集中体现。在现阶段,我国国家语言能力和个人语言能力的协同发展仍面临较大挑战。国家语言能力建设涉及语言生活的方方面面,其中一些服务特定需求方面的举措受大众关注度并不高;个人语言能力的发展具有较大的主观性和随意性,有时会与国家语言能力建设方向呈现一定的偏离。例如在外语学习方面,虽然国家近年来大力提倡非通用语专业的建设,但重英语、轻视其他外语的社会倾向仍然存在,导致英语专业毕业生人数常年居高不下,面临较大的就业压力。有鉴于此,未来政府部门在国家语言能力建设过程中要重视对相关工作的宣传,引导个人语言能力发展服务国家语言能力建设;鼓励高校、机构组织根据形势开展前瞻性的语言文字工作,及时满足社会语言文字新需求;对于大众关注度不高的某些语言文字服务领域,政府要加大经费投入,建立健全激励机制,吸引更多的社会力量参与。

参考文献

Brecht, R. D. & W. P. Rivers. 1999. Language policy in the U.S.: Questions addressing a sea change in language in the U.S. *NFLC Policy Issues 2* (1): 1-4.

Brecht, R. D. & W. P. Rivers. 2005. Language needs analysis at the societal level. In M. H. Long (ed.). *Second Language Needs Analysis*. Cambridge: Cambridge University Press. 79-104.

Brecht, R. D. & W. P. Rivers. 2012. US language policy in defence and attack. In B. Spolsky (ed.). *The Cambridge Handbook of Language Policy*. Cambridge: Cambridge University Press. 262-277.

Brecht, R. D. & A. R. Walton. 1993. National strategic planning in the less commonly taught languages. NFLC Occasional Paper.

British Council. 2013. *Languages for the Future*. https://www.britishcouncil.org/sites/default/files/languages-for-the-future-report-v3.pdf (accessed 15/11/2019).

Chomsky, N. 1965. *Aspects of the Theory of Syntax*. Cambridge: The MIT Press.

Fishman, A. J. 1969. National languages and languages of wider communication in the developing nations. *Anthropological Linguistics 11* (4): 111-135.

Furman, N. *et al*. 2010. Enrollments in language other than English in United States institutions of higher education. http://www.mla.org/2009_enrollmentsurvey (accessed 19/05/2019).

Jackson, F. H. & M. E. Malone. 2009. Building the foreign language capacity we need: Toward a comprehensive strategy for a national language framework. http://www.cal.org/resource-center/publications-products/building-foreign-language-capacity (accessed 19/05/2019).

Lambert, R. D. 1999. A scaffolding for language policy. *International Journal of the Sociology of Language 137* (1): 3-25.

Murphy, D. & K. Evans-Romaine. 2016. *Exploring the US Language Flagship Program: Professional Competence in a Second Language by Graduation*. Clevedon: Multilingual Matters.

Saussure, F. de. 1959. *Course in General Linguistics*. New York: Philosophical Library.

蔡基刚，2018，英语专业是否是"对不起良心的专业"？复旦学者："病得不轻"，《文汇报》，2018-11-6。

陈乃华，1986，国家语委和国家教委联合召开"七五"期间语言文字工作规划会议，《语文建设》（6）：7-8。

陈淑梅、孙彩惠，2009，经学与中国历史上的语言地位规划，《鲁东大学学报（哲学社会科学版）》（2）：96-99+108。

陈雨露，2011，深化研究 培养人才 加强非通用语专业建设，《人民日报》，2011-9-19。

陈章太，2008，论语言资源，《语言文字应用》（1）：9-14。

陈章太（编），2015，《语言规划概论》。北京：商务印书馆。

陈章太、谢俊英，2009，语言文字工作稳步发展的60年，《语言文字应用》（4）：2-14。

褚宏启，2016，核心素养的国际视野与中国立场——21世纪中国的国民素质提升与教育目标转型，《教育研究》（11）：8-18。

道布，2018，"抢救（或保护）濒危语言"之我见，《语言战略研究》（4）：1。

戴庆厦，2015，科学理智地深入开展濒危语言保护的研究，《北方民族大学学报（哲学社会科学版）》（3）：57-60。

戴炜栋（编），2008，《高校外语专业教育发展报告（1978—2008）》。上海：上海外语教育出版社。

戴昭铭，1992，切音字运动始末，《语文建设》（12）：12-14。

邓洪波，1994，正音书院与清代的官话运动，《华东师范大学学报（教育科学版）》（3）：79-86。

丁超，2017，对我国高校外语非通用语种类专业建设现状的观察分析，《中国外语教育》（4）：3-8。

董希骁，2019，"产出导向法"在大学罗马尼亚语教学中的应用，《外语与外语教学》（1）：1-8。

杜雁芸，2016，美国网络霸权实现的路径分析，《太平洋学报》（2）：65-75。

杜羽、刘彬，2019，讲好中国故事——中国外文局走过70年，《光明日报》，2019-9-4。

杜占元，2017，普通话助力建设语言文化强国，《语言文字周报》，2017-11-22。

杜占元，2018，深入学习贯彻党的十九大精神 推动新时代语言文字事业创新发展。载国家语言文字工作委员会（编），《中国语言生活状况报告（2018）》。北京：商务印书馆。3-11。

杜占元，2019，保护语言资源，推动构建人类命运共同体。载国家语言文字工作委员会（编），《中国语言生活状况报告（2019）》。北京：商务印书馆。9-13。

范敏、李国青，2019，新时代背景下孔子学院面临的困境与转型路径，《改革与开放》（17）：106-109。

方小兵，2019，海外语言与贫困研究的进展与反思，《语言战略研究》（1）：22-33。

费锦昌（编），2005，《新时期语言文字工作记事（1978—2003）》。北京：语文出版社。

费锦昌，2013，汉字规范的集大成与新起点——写在《通用规范汉字表》

发布之际，http://www.moe.gov.cn/jyb_xwfb/xw_fbh/moe_2069/s7135/s7562/s7569/201308/t20130827_156358.html（2019年6月20日读取）。

冯志伟，2000，论语言文字的地位规划和本体规划，《中国语文》(4)：363-377。

冯志伟，2019，我国计算语言学研究70年，《语言教育》(4)：19-29。

付克，1986，《中国外语教育史》。上海：上海外语教育出版社。

傅永和，1982，《第二次汉字简化方案（草案）》的修订工作，《语文建设》(1)：22-23。

高等学校外语专业教学指导委员会，1998，关于外语专业面向21世纪本科教育改革的若干意见，《外语界》(4)：1-6。

高等学校外语专业教学指导委员会英语组，2000，《高等学校英语专业英语教学大纲》。北京：外语教学与研究出版社。

高天如，1992，中国现代语言学的发端——清末切音字运动的历史地位，《语文建设》(12)：15-17。

桂靖、季薇，2018，"产出导向法"在对外汉语教学中的应用：教学材料改编，《世界汉语教学》(4)：546-554。

郭沫若，1972，古代文字之辩证的发展，《考古》(1)：1-13。

国家语言文字工作委员会（编），2017，《中国语言文字事业发展报告（2017）》。北京：商务印书馆。

国家语言文字工作委员会（编），2018，《中国语言文字事业发展报告（2018）》。北京：商务印书馆。

国家语言文字工作委员会（编），2019，《中国语言文字事业发展报告（2019）》。北京：商务印书馆。

国家语言文字工作委员会政策法规室（编），1996，《国家语言文字政策法规汇编（1949—1995）》。北京：语文出版社。

何丽，2014，濒危语言保护与语言复兴，《云南民族大学学报（哲学社会科学版）》(3)：136-140。

何其莘，2001，培养21世纪的外语专业人才——新《大纲》的修订过程及主要特点,《外语界》(1):4-8+27。

何其莘 等,2008,近三十年来我国高校英语专业教学回顾与展望,《外语教学与研究》(6):427-432。

胡春洞,1992,论张思中外语教学法——兼谈外语教改的方向,《外语界》(3):40-43+7。

胡文仲,1982,文化差异与外语教学,《外语教学与研究》(4):45-51。

胡文仲,2009,建国60年来我国外语教育的成就与缺失,《外语界》(5):10-17。

胡文仲,2014,试论我国英语专业人才的培养:回顾与展望,《外语教学与研究》(1):111-117。

胡文仲,2018,外语教育改革二三事,《外语界》(4):2-7。

胡文仲、孙有中,2006,突出学科特点,加强人文教育——试论当前英语专业教学改革,《外语教学与研究》(5):243-247。

胡正强,1998,周恩来对外宣传思想初探,《河北师范大学学报(哲学社会科学版)》(2):1-7。

黄彩玉,2019,汉语纳入多国国民教育体系之后,《光明日报》,2019-1-12。

黄德宽,2016,语言能力与国家现代化建设刍议,《语言科学》(4):339-342。

黄婷、王永贵,2017,人类命运共同体:一种世界秩序的话语表述,《马克思主义与现实》(5):168-174。

黄友义,2004,坚持"外宣三贴近"原则,处理好外宣翻译中的难点问题,《中国翻译》(6):27-28。

黄源深,2001,21世纪的复合型英语人才,《外语界》(1):9-13。

霍文琦,2014,拯救、保护和复兴濒危语言任重道远——访中国社会科学院民族学与人类学研究所研究员李云兵、徐世璇,《中国社会科学报》,2014-11-14。

贾毓玲,2017,论对外政治话语体系的创建与翻译——再谈《求是》英译,《中国翻译》(3):96-101。

姜飞、张楠，2019，中国对外传播的三次浪潮（1978—2019），《全球传媒学刊》（2）：39-58。

江潇潇，2019，基于"产出导向法"的僧伽罗语教材改编：产出任务设计的递进性，《外语与外语教学》（1）：17-24。

教育部语言文字信息管理司（编），2013，《中国语言生活状况报告（2013）》。北京：商务印书馆。

今日中国，1981，宋庆龄在《中国建设》发表的文章摘录，《今日中国（中文版）》（S1）：20。

金星华（编），2005，《中国民族语文工作》。北京：民族出版社。

靳光瑾，2010，语言文字信息化与国家安全，《云南师范大学学报（哲学社会科学版）》（2）：17-22。

黎锦熙，1934/2011，《国语运动史纲》。北京：商务印书馆.

李宝贵，2018，新时代孔子学院转型发展路径探析，《云南师范大学学报（哲学社会科学版）》（5）：27-35。

李俊宏、杨解军，2015，论健全国家语言文字法律体系的多维价值，《广东外语外贸大学学报》（6）：11-15。

李泉，2019，中国对外汉语教学七十年，《语言战略研究》（4）：49-59。

李卫红，2013，落实语言文字规划纲要，推进语言文字事业科学发展。载教育部语言文字信息管理司（编），《中国语言生活状况报告（2013）》。北京：商务印书馆。27-35。

李筱菊，1984，谈谈外语教学的交际教学法，《现代外语》（1）：18-23。

李筱菊，1987，一套新颖的教材——CECL教程介绍，《外语界》（3）：10-13。

李宇明，2001，通用语言文字规范和标准的建设——学习《中华人民共和国国家通用语言文字法》的体会，《语言文字应用》（2）：17-24。

李宇明，2002，清末文字改革家的方言观，《方言》（3）：193-200。

李宇明，2010，中国外语规划的若干思考，《外国语》（1）：2-8。

李宇明，2011，提升国家语言能力的若干思考，《南开语言学刊》（1）：

1-8。

李宇明，2018，用中文表达世界知识，《中国社会科学报》，2018-9-14。

李宇明、王奇，2011，中国少数民族语言文字规范化、信息化状况。载李宇明（编），《中国少数民族语言文字规范化信息化报告》。北京：民族出版社。1-9。

林焘，2001，《林焘语言学论文集》。北京：商务印书馆。

刘畅、战菊，2009，巴西语言状况与语言政策。载教育部语言文字信息管理司（编），《中国语言生活状况报告（2009）》。北京：商务印书馆。342-350。

刘丹、滕育栋，2006，3亿中国人学英语——人数将超英语母语国家总人口，《中小学英语教学与研究》（5）：63-64。

刘导生，1986，新时期的语言文字工作，《语文建设》（Z1）：8-14。

刘道义、郑旺全，2018，改革开放40年中国基础英语教育发展报告，《课程·教材·教法》（12）：12-20。

刘洪东，2014，当代法国语言推广政策及启示，《东岳论丛》（2）：87-91。

刘彭芝，2019，因材施教是真正的教育公平，英才教育不是教育公平的对立面，http://edu.people.com.cn/n1/2019/0202/c1006-30608895.html（2019年7月14日读取）。

刘肖、李红，2017，毛泽东对外宣传思想及其现实价值，《对外传播》（5）：44-46。

刘滢，2013，从"走出去"到"走进去"——中国媒体国际传播"本土化"的问题与对策，《对外传播》（8）：15-17。

陆俭明，2016，"语言能力"内涵之吾见，《语言政策与规划研究》（1）：2-4。

罗君惕，1984，《汉文字学要籍概述》。北京：中华书局。

吕必松，1989，我国对外汉语教学事业的发展，《语言教学与研究》（4）：6-25。

吕福源，1999，做好学校语言文字工作，为全面推进素质教育实现新世纪语言文字工作目标而奋斗，http://www.moe.gov.cn/s78/A18/yys_left/moe_801/s3130/201001/t20100127_78588.html（2019年8月10日读取）。

闵大洪，1994，大功告成 挑战在前——"748"工程（汉字信息处理系统工程）实施二十年，《新闻与传播研究》（4）：41-42。

穆彪，2018，中韩语言政策对比——以中韩两国对通用语言的语言政策为中心，《现代语文》（6）：151-155。

普通话普及情况调查项目组，2011，普通话普及情况调查分析，谢俊英执笔，《语言文字应用》（3）：2-10。

秦秀白、吴古华，1999，发挥理工院校的办学优势 努力培养复合型的英语专业人才——理工院校英语专业办学模式综述，《外语界》（4）：10-14。

饶高琦，2018，语言智能和语言教育不应"相杀"，《光明日报》，2018-12-27。

史安斌、张耀钟，2019，新中国形象的再建构：70年对外传播理论和实践的创新路径，《全球传媒学刊》（2）：26-38。

史筠，1988，《民族法律法规概述》。北京：民族出版社。

苏·赖特，2012，《语言政策与语言规划——从民族主义到全球化》，陈新仁译。北京：商务印书馆。

苏东庄、袁琦，1990，中文信息处理在中国的发展，《中文信息学报》（3）：63-70。

苏培成（编），2010，《当代中国的语文改革和语文规范》。北京：商务印书馆。

苏培成，2014，与"废止《简化字总表》及相关之说"的商榷，《通化师范学院学报（人文社会科学）》（3）：1-3。

陶建华等，2016，中国计算机发展简史，《科技导报》（14）：12-21。

田玉红，2016，建设现代综合新型国际传播机构，《新闻战线》（10）：11-12。

童兵，2004，全党要高度重视笔杆子工作——邓小平新闻思想的理论要点及其评价，《新闻记者》（8）：3-6。

佟加·庆夫、王维东，2011，新疆维吾尔自治区少数民族语言文字规范化、标准化、信息化调研报告。载李宇明（编），《中国少数民族语言文字规范化信息化报告》。北京：民族出版社。165-186。

王爱云，2010，毛泽东与中国共产党领导的文字改革，《党的文献》（3）：33-41+65。

王爱云，2018，改革开放40年中国共产党推进教育公平的实践和经验，《党的文献》（6）：70-79。

王初明，2017，从"以写促学"到"以续促学"，《外语教学与研究》（4）：547-556。

王初明 等，2000，以写促学——一项英语写作教学改革的试验，《外语教学与研究》（3）：207-212。

王定华，2018，改革开放40年我国外语教育政策回眸，《教程·教材·教法》（12）：4-11。

王均，1995，《当代中国的文字改革》。北京：当代中国出版社。

王理嘉，2009，汉语拼音60年的见证与前瞻，《语言文字应用》（4）：36-45。

王力，1956，《汉语音韵学》。北京：中华书局。

王守仁、文秋芳（编），2015，《新一代大学英语》。北京：外语教学与研究出版社。

王维佳，2015，中国对外传播的范式转变，《对外传播》（1）：16-18+21。

卫红春，1995，汉字信息处理技术发展概论，《微机发展》（5）：3-10。

魏晖，2015，国家语言能力有关问题探讨，《语言文字应用》（4）：35-43。

文秋芳，2002，英语专业创新人才培养体系的研究与实践，《国外外语教学》（4）：12-17。

文秋芳，2005，评析外语写长法，《现代外语》（3）：308-311。

文秋芳，2011a，关于提升我国国家外语能力的思考与建议，教育部咨询报告。

文秋芳，2011b，美国国防部新外语战略评析，《外语教学与研究》（5）：738-747。

文秋芳，2014，英语类专业实践多元人才观面临的挑战与对策，《外语教学与研究》（1）：118-126。

文秋芳，2015，构建"产出导向法"理论体系，《外语教学与研究》（4）：547-558。

文秋芳，2016a，国家语言能力的内涵及其评价指标，《云南师范大学学报（哲学社会科学版）》（2）：23-31。

文秋芳，2016b，国家话语研究——服务国家战略的新领域，《中国外语》（6）：1+10-11。

文秋芳，2017，国家话语能力的内涵——对国家语言能力的新认识，《新疆师范大学学报（哲学社会科学版）》（3）：66-72。

文秋芳，2018，新时代高校外语课程中关键能力的培养：思考与建议，《外语教育研究前沿》（1）：3-11。

文秋芳，2019a，对"国家语言能力"的再解读——兼述中国国家语言能力70年的建设与发展，《新疆师范大学学报（哲学社会科学版）》（5）：57-67。

文秋芳，2019b，国家语言治理能力建设70年：回顾与展望，《云南师范大学学报（哲学社会科学版）》（5）：30-40。

文秋芳，2019c，新中国外语教育70年：成就与挑战，《外语教学与研究》（5）：735-745。

文秋芳、杨佳，2021，中国共产党百年语言文字工作的人民观，《新疆师范大学学报（哲学社会科学版）》（6）：80-88。

文秋芳、张天伟，2014，国外语言资源管理的经验与启示，《新疆师范大学学报（哲学社会科学版）》（6）：99-104。

文秋芳、张天伟，2018，《国家语言能力理论体系构建研究》。北京：北京大学出版社。

文秋芳 等，2011，国家外语能力的理论构建与应用尝试，《中国外语》（3）：4-10。

徐锋华，2016，《中国建设》的创办与新中国成立初期的对外宣传，《中共党史研究》（5）：39-67。

许晋，2017，元代族群互动中的语言兼用现象，《内蒙古大学学报（哲学社会科学版）》（6）：16-20。

许琳，2007，汉语国际推广的形势和任务，《世界汉语教学》（2）：106-110。

许寿椿，2009，汉字的技术性——机械化时代和信息化时代的比较，《汉字文化》（2）：80-84。

杨佳，2019，我国国家通用语普及能力建设70年：回顾与展望，《云南师范大学学报（哲学社会科学版）》（5）：41-47。

杨佳，2020，新中国成立前国家语言能力建设历程考察分析——以通用语推广与汉字规范化为例，《中国语言战略》（1）：60-67。

杨九诠，2018，"公平而有质量的教育"的双重结构及政策重心转移，《教育研究》（11）：42-49。

杨亦鸣，2015，提高国家语言能力迫在眉睫，《人民日报》，2015-11-24。

姚喜双，2016，依法推进语言文字工作督导评估。载教育部语言文字信息管理司（编），《中国语言生活状况报告（2016）》。北京：商务印书馆。9-13。

姚亚平，2006，《中国语言规划研究》。北京：商务印书馆。

易花萍，2014，语言文字规范化的实施困境与良法模式，《江西社会科学》（3）：177-181。

于根元，2009，推广普通话60年，《语言文字应用》（4）：46-52。

余锦凤、萧志春，2002，《中文信息处理基础教程》。北京：北京大学出版社。

俞正燮，1883/2005，《癸巳存稿》。安徽：黄山书社。

袁建民，2014，《简化字总表》的类推简化原则不能丢，《北华大学学报（社会科学版）》（1）：10-12。

袁钟瑞，2013，新中国推广普通话的历程回顾，《汉字文化》（6）：11-17。

张焕萍、刘笑盈，2010，中国国际广播电台："声音传五洲，朋友遍天下"，《对外传播》（8）：61-62。

张日培，2009，治理理论视角下的语言规划——对"和谐语言生活"建设中政府作为的思考，《语言文字应用》（3）：53-62。

张双圈、周拴龙，1994，汉字信息处理三十年，《现代图书情报技术》（3）：49-54。

张天伟，2020，我国国家通用语国际拓展能力现状与发展路径，《语言文字应用》（1）：2-10。

张弦，2016，十八大以来中国外交话语研究：内涵、创新及其影响，《社会主义研究》（5）：45-53。

张治国，2016，英国。载教育部语言文字信息管理司（编），《世界语言生活状况（2016）》。北京：商务印书馆。3-23。

张治国，2019，国际组织语言政策特点调查研究，《语言文字应用》（2）：51-60。

赵婀娜、吴月，2020，筑牢国家发展的语言文字基石，《人民日报》，2020-10-13。

赵芳，2016，英国教育部斥资开发汉语卓越项目，《世界教育信息》（19）：79。

赵蓉晖，2016，新时期"多元一体"语言政策的变化与发展——基于国家语言文字工作规划的文本研究，《语言文字应用》（1）：2-9。

赵世举，2015，全球竞争中的国家语言能力，《中国社会科学》（3）：105-118。

赵守辉，2008，语言规划国际研究新进展——以非主流语言教学为例，《当代语言学》（2）：122-136。

中共中央宣传部（编），2016，《习近平总书记系列重要讲话读本（2016

年版)》。北京：学习出版社、人民出版社。

中国互联网络信息中心（编），2020，《第 45 次中国互联网络发展状况统计报告》，http://www.cnnic.net.cn/hlwfzyj/hlwxzbg/hlwtjbg/202004/P020200428596599037028.pdf（2020 年 8 月 2 日读取）。

中国语言文字使用情况调查领导小组办公室，2006，《中国语言文字使用情况调查资料》。北京：语文出版社。

中华人民共和国国务院新闻办公室（编），1991，《中国的人权状况》，http://www.scio.gov.cn/zfbps/ndhf/1991/Document/308017/308017.htm（2020 年 1 月 7 日读取）。

中华人民共和国教育部（编），2001，《全日制义务教育、普通高级中学英语课程标准（实验稿）》。北京：北京师范大学出版社。

中华人民共和国教育部（编），2018，《普通高中英语课程标准（2017 年版）》。北京：人民教育出版社。

周庆生，2002，中苏建国初期少数民族文字创制比较，《民族语文》(6)：47-57。

周庆生，2013，中国"主体多样"语言政策的发展，《新疆师范大学学报（哲学社会科学版）》(2)：32-44。

周庆生，2016，国家语言能力的结构层次问题，《语言政策与规划研究》(1)：5-6。

周庆生，2017，中国语言文化传统与古代语言政策流变，《语言战略研究》(5)：71-81。

周有光，1997，双语言时代，《群言》(6)：32-36。

周有光，1998，普通话和现代化，《语文建设》(10)：9-10。

周有光，2004，《周有光语言学论文集》。北京：商务印书馆。

宗成庆 等，2009，中文信息处理 60 年，《语言文字应用》(4)：53-61。